海上絲綢之路基本文獻叢書

咸賓録（下）

〔明〕羅曰褧 撰

文物出版社

圖書在版編目（CIP）數據

咸賓録．下 /（明）羅曰褧撰．-- 北京 : 文物出版社，2022.7
（海上絲綢之路基本文獻叢書）
ISBN 978-7-5010-7604-8

Ⅰ．①咸… Ⅱ．①羅… Ⅲ．①亞洲－中世紀史 Ⅳ．①K303

中國版本圖書館 CIP 數據核字（2022）第 091059 號

海上絲綢之路基本文獻叢書

咸賓録（下）

撰　　者：〔明〕羅曰褧
策　　劃：盛世博閲（北京）文化有限責任公司

封面設計：鞏榮彪
責任編輯：劉永海
責任印製：王　芳

出版發行：文物出版社
社　　址：北京市東城區東直門内北小街 2 號樓
郵　　編：100007
網　　址：http://www.wenwu.com
經　　銷：新華書店
印　　刷：北京旺都印務有限公司
開　　本：787mm×1092mm　1/16
印　　張：10.625
版　　次：2022 年 7 月第 1 版
印　　次：2022 年 7 月第 1 次印刷
書　　號：ISBN 978-7-5010-7604-8
定　　價：90.00 圓

總緒

海上絲綢之路，一般意義上是指從秦漢至鴉片戰争前中國與世界進行政治、經濟、文化交流的海上通道，主要分爲經由黄海、東海的海路最終抵達日本列島及朝鮮半島的東海航綫和以徐聞、合浦、廣州、泉州爲起點通往東南亞及印度洋地區的南海航綫。

在中國古代文獻中，最早、最詳細記載『海上絲綢之路』航綫的是東漢班固的《漢書·地理志》，詳細記載了西漢黄門譯長率領應募者入海『齎黄金雜繒而往』之事，書中所出現的地理記載與東南亞地區相關，并與實際的地理狀况基本相符。

東漢後，中國進入魏晉南北朝長達三百多年的分裂割據時期，絲路上的交往也走向低谷。這一時期的絲路交往，以法顯的西行最爲著名。法顯作爲從陸路西行到印度，再由海路回國的第一人，根據親身經歷所寫的《佛國記》（又稱《法顯傳》）一書，詳細介紹了古代中亞和印度、巴基斯坦、斯里蘭卡等地的歷史及風土人情，是瞭解和研究海陸絲綢之路的珍貴歷史資料。

隨着隋唐的統一，中國經濟重心的南移，中國與西方交通以海路爲主，海上絲綢之路進入大發展時期。廣州成爲唐朝最大的海外貿易中心，朝廷設立市舶司，專門管理海外貿易。唐代著名的地理學家賈耽（七三〇～八〇五年）的《皇華四達記》記載了從廣州通往阿拉伯地區的海上交通『廣州通夷道』，詳述了從廣州港出發，經越南、馬來半島、蘇門答臘半島至印度、錫蘭，直至波斯灣沿岸各國的航綫及沿途地區的方位、名稱、島礁、山川、民俗等。譯經大師義净西行求法，將沿途見聞寫成著作《大唐西域求法高僧傳》，詳細記載了海上絲綢之路的發展變化，是我們瞭解絲綢之路不可多得的第一手資料。

宋代的造船技術和航海技術顯著提高，指南針廣泛應用於航海，中國商船的遠航能力大大提升。北宋徐兢的《宣和奉使高麗圖經》詳細記述了船舶製造、海洋地理和往來航綫，是研究宋代海外交通史、中朝友好關係史、中朝經濟文化交流史的重要文獻。南宋趙汝適《諸蕃志》記載，南海有五十三個國家和地區與南宋通商貿易，形成了通往日本、高麗、東南亞、印度、波斯、阿拉伯等地的『海上絲綢之路』。宋代爲了加强商貿往來，於北宋神宗元豐三年（一〇八〇年）頒佈了中國歷史上第一部海洋貿易管理條例《廣州市舶條法》，并稱爲宋代貿易管理的制度範本。

元朝在經濟上採用重商主義政策，鼓勵海外貿易，中國與歐洲的聯繫與交往非常頻繁，其中馬可·波羅、伊本·白圖泰等歐洲旅行家來到中國，留下了大量的旅行記，記録元代海上絲綢之路的盛況。元代的汪大淵兩次出海，撰寫出《島夷志略》一書，記録了二百多個國名和地名，其中不少首次見於中國著録，涉及的地理範圍東至菲律賓群島，西至非洲。這些都反映了元朝時中西經濟文化交流的豐富内容。

明、清政府先後多次實施海禁政策，海上絲綢之路的貿易逐漸衰落。但是從明永樂三年至明宣德八年的二十八年裏，鄭和率船隊七下西洋，先後到達的國家多達三十多個，在進行經貿交流的同時，也極大地促進了中外文化的交流，這些都詳見於《西洋蕃國志》《星槎勝覽》《瀛涯勝覽》等典籍中。

關於海上絲綢之路的文獻記述，除上述官員、學者、求法或傳教高僧以及旅行者的著作外，自《漢書》之後，歷代正史大都列有《地理志》《四夷傳》《西域傳》《外國傳》《蠻夷傳》《屬國傳》等篇章，加上唐宋以來衆多的典制類文獻、地方史志文獻，集中反映了歷代王朝對於周邊部族、政權以及西方世界的認識，都是關於海上絲綢之路的原始史料性文獻。

海上絲綢之路概念的形成，經歷了一個演變的過程。十九世紀七十年代德國地理學家費迪南・馮・李希霍芬（Ferdinad Von Richthofen，一八三三～一九〇五），在其《中國：親身旅行和研究成果》第三卷中首次把輸出中國絲綢的東西陸路稱爲『絲綢之路』。有『歐洲漢學泰斗』之稱的法國漢學家沙畹（Édouard Chavannes，一八六五～一九一八），在其一九〇三年著作的《西突厥史料》中提出『絲路有海陸兩道』，蘊涵了海上絲綢之路最初提法。迄今發現最早正式提出『海上絲綢之路』一詞的是日本考古學家三杉隆敏，他在一九六七年出版《中國瓷器之旅：探索海上的絲綢之路》中首次使用『海上絲綢之路』一詞；一九七九年三杉隆敏又出版了《海上絲綢之路》一書，其立意和出發點局限在東西方之間的陶瓷貿易與交流史。

二十世紀八十年代以來，在海外交通史研究中，『海上絲綢之路』一詞逐漸成爲中外學術界廣泛接受的概念。根據姚楠等人研究，饒宗頤先生是華人中最早提出『海上絲綢之路』的人，他的《海道之絲路與昆侖舶》正式提出『海上絲路』的稱謂。選堂先生評價海上絲綢之路是外交、貿易和文化交流作用的通道。此後，大陸學者馮蔚然在一九七八年編寫的《航運史話》中，使用『海上絲綢之路』一詞，這是迄今學界查到的中國大陸最早使用『海上絲綢之路』的人，更多地限於航海活動領域的考察。一九八〇年北京大學陳炎教授提出『海上絲綢之路』研究，并於一九八一年發表《略論海上絲綢之路》一文。他對海上絲綢之路的理解超越以往，且帶有濃厚的愛國主義思想。陳炎教授之後，從事研究海上絲綢之路的學者越來越多，尤其沿海港口城市向聯合國申請海上絲綢之路非物質文化遺産活動，將海上絲綢之路研究推向新高潮。另外，國家把建設『絲綢之路經濟帶』和『二十一世紀海上絲綢之路』作爲對外發展方針，將這一學術課題提升爲國家願景的高度，使海上絲綢之路形成超越學術進入政經層面的熱潮。

與海上絲綢之路學的萬千氣象相對應，海上絲綢之路文獻的整理工作仍顯滯後，遠遠跟不上突飛猛進的研究進展。二〇一八年厦門大學、中山大學等單位聯合發起『海上絲綢之路文獻集成』專案，尚在醖釀當中。我們不揣淺陋，深入調查，廣泛搜集，將有關海上絲綢之路的原始史料文獻和研究文獻，分爲風俗物産、雜史筆記、海防海事、典章檔案等六個類別，彙編成《海上絲綢之路歷史文化叢書》，於二〇二〇年影印出版。此輯面市以來，深受各大圖書館及相關研究者好評。爲讓更多的讀者親近古籍文獻，我們遴選出前編中的菁華，彙編成《海上絲綢之路基本文獻叢書》，以單行本影印出版，以饗讀者，以期爲讀者展現出一幅幅中外經濟文化交流的精美畫卷，爲海上絲綢之路的研究提供歷史借鑒，爲『二十一世紀海上絲綢之路』倡議構想的實踐做好歷史的詮釋和注脚，從而達到『以史爲鑒』『古爲今用』的目的。

凡例

一、本編注重史料的珍稀性，從《海上絲綢之路歷史文化叢書》中遴選出菁華，擬出版百册單行本。

二、本編所選之文獻，其編纂的年代下限至一九四九年。

三、本編排序無嚴格定式，所選之文獻篇幅以二百餘頁爲宜，以便讀者閱讀使用。

四、本編所選文獻，每種前皆注明版本、著者。

五、本編文獻皆爲影印，原始文本掃描之後經過修復處理，仍存原式，少數文獻由於原始底本欠佳，略有模糊之處，不影響閱讀使用。

六、本編原始底本非一時一地之出版物，原書裝幀、開本多有不同，本書彙編之後，統一爲十六開右翻本。

目録

戚賓録（下）

咸賓録（下）

卷七至卷八

〔明〕羅曰褧 撰

明萬曆十九年劉一焜刻本

咸賓錄南夷志卷之七

明豫章羅曰褧尚之父著

南中諸夷

南中古梁州徼外之地西南雜夷居之大抵漢之滇濮哀牢鈎町諸國益州永昌諸郡唐宋之南詔大理皆其地也漢時夜郎之西靡莫之屬滇最大始楚項襄王使將軍莊蹻將兵循江上略巴黔以西蹻至滇地方三百里旁平地肥饒數千里以兵威定屬楚欲歸報會秦擊楚巴黔中郡道塞不通因而以其衆王滇變服從其俗以長之至武帝時遣使王然于柏始

昌呂越人等十餘輩閒出西南夷指求身毒國至滇
滇王當羌廼留爲求道四歲餘皆閉昆明莫能通滇
王與漢使言漢孰與我大及夜郎侯亦然各自以一
州王不知漢廣大使者還因盛言滇大國足使親附
武帝注意焉及南越破因使王然于以粵破及誅南
夷兵威風諭滇王入朝滇王者其衆數萬人其旁東
北勞深靡莫皆同姓相仗未肯聽勞莫數侵犯使者
吏卒元封初漢發巴蜀兵擊滅勞深靡莫以兵臨滇
滇王舉國降請置吏入朝於是以爲益州郡更割數
縣地賜滇王王印世長其人後王莽篡位改漢制貶

鈎町王爲侯蠻夷盡反莽遣將馮茂復遣將廉丹大發兵數十萬人擊之俱不能尅而還後漢初遣使朝謁項之夷渠帥棟蠶與姑復葉榆梇棟連然滇池建伶昆明諸種反叛殺長吏漢遣將劉尚等擊破之諸夷悉平至蜀後主時益州大姓雍闓殺太守正昂更以蜀郡張裔爲太守闓假鬼教曰張裔府君如瓠壺外雖澤而內實粗殺之不可令縛與吳於是執送裔於吳吳王孫權遙用闓爲永昌太守諸葛亮以初遭大喪未便加兵迺以都護李嚴書曉諭闓闓答曰愚聞天無二日土無二王今天下瓜分正朔有三遠人

惶惑不知所歸其傲慢如此闓使建寧孟獲說夷叟
曰官欲得烏狗三百頭膺前盡黑螨腦三斗斲木構
三丈者三千枚汝能得不夷以爲然皆從闓斲木堅
剛性委曲高不至二丈故獲以欺夷頃之高定元部
曲殺雍闓及士庶等孟獲代闓爲主亮既斬定元而
馬忠破牂牁李恢敗於南中亮遂渡瀘進征益州生
虜孟獲置軍中問曰我軍如何獲對曰恨不相知公
易勝耳亮以方務在北而南中好叛亂宜窮其詐乃
赦獲使還合軍更戰凡七虜七赦獲等心服夷漢亦
思反善亮復問獲獲對曰明公天威也邊民長不爲

惡矣遂平益州永昌越巂牂牁四郡而改益州爲建
寧郡分建寧越巂置雲南郡又分建寧牂牁置興古
郡皆即其渠率而用之或以諫亮亮曰若畱外人則
畱兵兵畱則無食一不易也夷新傷破父兄死喪畱
外人而無兵者必成禍患二不易也又吏累有廢殺
之罪自嫌釁重若畱外人終不相信三不易也今欲
使汝不畱兵不運糧而綱紀遂定夷漢相安故耳自
亮定孟獲之後夷人效順者數十年至晉初因蜀郡
名後兼置寧州時南中之地或爲晉有或入蠻夷或
爲李雄所據其廢置固無常云五季以後盡爲南詔

所據南詔者本哀牢九隆之裔烏蠻別種也（九隆事詳見金齒考中）九隆死其後族類滋長散居谿谷分爲九十九種其酋長有六各號爲詔夷語王也曰蒙舍詔（今蒙化府）曰浪施詔（今浪穹縣）曰鄧賧詔（今鄧川州）曰施浪詔（今浪穹縣蒙大和地）曰麼些詔（今鶴慶麗江地）曰蒙巂詔（今建昌地）兵埒不能相君長至漢時九隆八族第四世孫名仁果者强大居昆彌川傳十七世至龍祐那從諸葛亮征益州蠻斬雍闓有功封爲酋長賜姓張氏諸夷慕武侯之德漸去山林徙居平地建城邑務農桑諸部於是始有姓氏龍祐那之十六世孫曰張樂進遜位於蒙氏其時蓋唐

初也張氏或稱昆彌國或稱白國或稱建寧國其年系莫可推詳蒙氏始興曰細奴羅九隆五族牟苴篤之三十六世孫也耕於巍山之麓數有神異孳牧繁息部衆日盛代張氏立國在諸部南故號南詔實唐貞觀三年也至高宗時遣子入侍授巍州刺史死子羅晟嗣死子晟羅皮嗣死子皮羅閣嗣逐河蠻取太和城又襲太釐城居之唐玄宗賜皮羅閣名歸義當是時五詔微弱歸義獨強乃因仲夏祭先之期特建一樓以會五詔宴醉後歸義佯下樓擊鼓舉火焚樓五詔遂滅上所載與唐書大異可以互考更賂劍南節度使王昱求

合五詔爲一許之於是盡有雲南之地寖以驕大入朝天子亦爲加禮又以破瀰蠻功馳遣中人冊爲雲南王賜錦袍金鈿帶七事歸義乃卜太和左瀰水右點蒼山山海之交結於午遂築太和城（今大理太和縣）自蒙舍徙居之立上下二關曰龍首曰龍尾連陷邊川永昌石鼓沙追睒龍佉睒（夷人謂州爲睒）更僭封五嶽四瀆幷立祠三皇廟春秋致祭以點蒼山爲中嶽雲龍山爲東嶽（在今祿勸州）蒙樂山爲南嶽（今者樂甸）高黎共山爲西嶽（在今騰衝）玉龍山爲北嶽（在今麗江）以黑惠江瀾倉江潞江麗江爲四瀆官號制度悉慕中國仍遣孫鳳伽異入

朝唐授以鴻臚少卿妻以宗女賜樂一部南詔於是始有中國之樂皮羅閣死子閣羅鳳嗣時當天寶八年也會劍南節度使鮮于仲通忿戾少方略故事南詔嘗與妻子謁都督過雲南太守張虔陀私之多所求丐閣羅鳳怨恨遂發兵反攻殺虔陀取姚州及小夷州凡二十二仲通怒發兵親征進薄白厓城大敗引還閣羅鳳斂戰胔築京觀臣事吐蕃吐蕃以爲弟夷謂弟爲鍾故稱贊普鍾云已而閣羅鳳自稱東帝碣碑國門明不得已而叛嘗曰我上世世奉中國累封賞後嗣容歸之若唐使至可指碑澡祓吾罪也及

楊國忠爲劍南節度使調兵十萬使李宓討之大敗死者十八會安祿山反天下多事閣羅鳳因之取嶲州會同軍據清溪關破越析而降尋傳驃諸國尋傳蠻者俗無絲纊跣履榛棘不苦也射豬生食其肉戰以竹籠頭如兜鍪然驃蠻者夷人自謂突羅朱闍婆人謂之徒里拙俗重佛輕刑好生惡殺不衣繒帛云出於蠶恐傷生也大曆中閣羅鳳死其子鳳迦異先亡遂立孫異牟尋嗣王異牟尋有智略善撫衆故合吐蕃入寇德宗大發兵討之異牟尋兵稍却懼徙羊苴咩城亦在大理府築豪十五里吐蕃封爲日東王然吐

蕃責賦數異牟尋苦之有清平官鄭回者其初唐西瀘令也爲其所虜遂仕焉回説異牟尋歸附中國異牟尋善之故謀內附然亦未敢發也時節度使韋臯撫諸蠻有威惠乃遣諜者遺書異牟尋遂決策請降德宗嘉之賜以詔書異牟尋乃殺吐蕃使迎唐使遣其臣隨使者入朝頃之襲破吐蕃獲其五王遣使入獻地圖方物唐遣使袁滋持節冊異牟尋爲南詔王滋至異牟尋迎使拜詔甚恭出銀平脱馬頭盤二示滋曰此天寶時先君鳳迦異宿衛皇帝時所賜也有笛工歌女頭皆垂白示滋曰此先君歸國時皇帝賜

胡部龜茲音聲二列今塞亡殆盡惟此二人存爾復遣清平官尹輔酋等入謝獻鐸鞘浪劍鬱刃生金瑟瑟牛黃琥珀氎紡絲象犀越睒統倫馬鐸鞘者狀如殘刃飾以金擊無不洞夷人珍重月以血祭之浪劍鬱刃者鑄時以毒藥并治取迎躍如星者凡十年乃成以金犀飾鐔首傷人即死浪人所鑄故亦名浪劍王佩之七世皆奇物也頃之異牟尋復攻吐蕃取昆明城漢滇池也即今雲南省城以食鹽池又破施蠻順蠻芒蠻掠弄棟蠻漢裳蠻其勢寢大是時韋皐攻吐蕃異牟尋從擊功居多而吐蕃將亦多來降者虜氣衰苦唐詔

犄角亦不敢圖南詔矣元和初異牟尋死子尋閤勸
立自稱驃信夷語君也唐亦遣使弔祭冊書後以爲
常閤勸死子勸龍晟立尋爲梇棟節度使王嵯巔所
殺立其弟勸利嗣王未幾而死弟豐祐立朝貢如初
然亦稍入寇掠矣大中時安南經略使苛墨自私以
斗鹽易一牛夷人不堪結南詔將段酋遷陷安南都
護府號白衣沒命軍南詔亦發兵助之會豐祐死酋
龍立恚朝廷不弔恤遂叛僭稱皇帝號大禮國播邑
嘉黎眉邛諸州皆陷成都大震唐以高駢爲西川節
度使擊之斬酋長五十收復諸州酋龍大懼自南詔

叛唐數遣使至其國酋龍不受駢以其俗尚浮屠法故遣浮屠景仙往諭之酋龍與其下迎謁且拜乃定盟而還酋龍死子法立自號大封人遣使修好詔使者答報未幾寇西川駢奏請與和親僖宗從之乃以宗室女爲安化長公主許婚法遣其大臣趙隆眉楊奇混段義宗來迎公主駢客遣使言三人乃南詔腹心宜止而鴆之蠻可圖也帝從之龍眉等皆死自是謀臣盡矣而南詔亦漸以衰弱至朱梁時鄭回之裔有鄭買嗣者篡南詔位而自立蒙氏遂亡買嗣死子仁旻立仁旻死國人共推其臣趙善政爲王國號興

元頊之楊干貞廢善政自立爲詔國號義寧晉天福間通海節度使段思平復廢干貞自立爲詔國號大理至宋太祖鑒唐之禍基於南詔乃棄越巂諸郡以大渡河爲界熙寧時遣使貢金裝碧玗山氈罽刀劍犀皮甲鞍轡以後遂絕至政和初廣州觀察使黃璘奏南詔慕義請臣宜聽其入貢詔璘置局於賓州凡有奏請皆俟進止頊之大理遣使李紫琮等來踰年至京師貢馬三百八十匹及麝香牛黄細氈碧玗山諸物宋拜其王段和譽爲雲南節度使上柱國大理國王已而知桂州周穜劾黃璘詐冒璘得罪自是大

理復不通第間一至黎州互市而已紹興淳熙間廣西輒奏言大理入貢及售馬事詔却其貢優答其馬直不欲以虛名勞民也段氏子孫傳至興智元收附之而盡雲南之境郡縣其地仍錄段氏子孫世守之封爲總管自此九傳而總管段功立益當　高皇帝始興時也會紅巾賊起攻雲南元宗室梁王鎮其地召段功兵大敗紅巾於是梁王感功之德以女阿榼妻之奏授雲南平章功遂戀居雲南不肯歸其大理夫人寄以樂府詞曰風捲殘雲九霄冉冉逐龍池無偶水雲一片綠寂莫倚屏幃春雨紛紛促蜀錦半牀

閒鴛鴦獨自宿好語我將軍只恐樂極生悲冤鬼哭
後梁王果陰有圖功之計女阿蓋覘知之私語功功
不聽頃之見殺阿蓋愁憤作詩曰吾家住在鴈門深
一片閒雲到滇海心懸明月照青天青天不語今三
載欲隨明月到蒼山悞我一生路裏彩吐嚕吐嚕段
阿奴（吐嚕可惜也）施宗施秀同奴歹雲片波潾不見人押
不蘆花顏色改肉屏獨坐細思量西山鐵立（鐵立松林也）
霜瀟灑既乃自縊又有員外楊淵海者亦題詩粉壁
飲藥而卒詩曰半紙功名百戰身不堪今日總紅塵
死生自古皆由命禍福于今豈怨人蝴蝶夢殘滇海

月杜鵑啼破點蒼春哀憐永訣南中土錦酒休教灑淚頻梁王見詩哀之乃厚恤送歸大理葬焉洪武元年紅巾復攻雲南梁王急借兵大理時段功之子寶初立答梁王書云殺虎子而還喂其虎母分狙栗而自詐其狙公假途滅虢獻璧吞虞金印玉書乃爲釣魚之香餌綉閨淑女自設掩雉之網羅況平章既亾弟兄罄絶今止遺一嫠一奴奴再贅華黎氏嫠又可配阿榼妃如此事諾大兵可借若其不然待金馬山換作點蒼山昆湖池改作西洱河時來矣書後附以詩云烽火狼烟信不符驪山舉戲是支吾平章枉喪

紅羅帳員外虛題粉壁圖鳳別岐山祥兆隱麟遊郊數瑞光無自從界限鴻溝後成敗興衰各一都梁王見之恨寶入骨功有女僧奴欲復父仇臨適阿黎氏亦作二詩別寶云珊瑚鈎裏出香閨滿目潸然淚濕衣冰鑑銀臺曾長大金枝玉葉下芳菲鳥飛兎走頻來往桂馥梅馨不暫移惆悵同胞未忍別應知會恨點蒼低何彼穠穠花自紅歸車獨別溯江東鴻臺燕苑難經目風刺霜刀易塞胷雲舊山高連水遠月新春疊與秋重淚珠恰似通宵雨千里關河幾處逢以上因吏人知文詞節義故詳録之後寶聞　高皇帝開基金陵遣其叔

段眞入京奉表納款詔授以宣慰寶卒子明嗣屢遣使馳書傅友德沐英麾下請依唐宋故事寛我蒙段奉華篆三年一貢友德見書大怒發兵擊之段兵敗明就擒詔赦之授其二子鎮撫時洪武十四年也先是五年 上以天下一統惟雲南未服乃遣翰林待制王禕使雲南招諭故元梁王把匝剌瓦爾令入朝禕至雲南見梁王君臣諭以 皇上聰明神聖若亟奉版圖歸職方可保高爵厚祿聲名俱全奈何欲以一隅之地與中國抗不聽館于別室數日見之又引陳友諒張士誠陳友定明玉珍擴廓帖木兒等敗亡

元主北走反復諭之梁王君臣相顧駭愕已有降
志未決攺館褘饟廩有加會故元主遣使脫脫自西
番入雲南徵梁王粮餉欲連兵以拒我師脫脫知有
中國使臣在以危言脇梁王令殺褘梁王狐疑持兩
端令其參政達里麻以褘匿民間脫脫知之誚梁王
曰國家顛覆不能救反欲附他人邪欲躍馬去梁王
不得已出褘見之脫脫欲以威屈褘罵曰天訖汝元
命我朝實代之爝火餘燼欲日月爭光乎我豈能為
汝屈有死而已或解之曰兩國兵爭不殺來使王公
材器天下無雙者宜全之脫脫曰今雖孔子在義不

可畱梁王不能救褘顧謂曰汝朝殺我大兵夕至遂
被殺達里麻爲具衣冠斂而焚之事聞　上大怒乃
以傅友德爲征南將軍沐英藍玉爲左右副將軍陳
桓胡海費聚等皆屬焉率師三十萬往征之　上親
出餞於龍江諸將各率所部就道傅友德等師至湖
廣命都督郭英陳桓胡海率兵五萬由永寧趨烏撒
路多險阻諸將欲深入郭英曰破敵貴先聲攻取必
自近始舍近趨遠非策之上也遂以兵攻赤水河路
去河二十里爲營時久雨水暴漲英曰賊恃水漲不
意吾濟下令諸軍斬木造筏夜半濟河比曉敵始覺

遂大驚潰生擒阿容諸蠻由是雲南諸郡邑皆震恐王遣其司徒平章達里麻率精兵十[illegible]來拒沐英曰彼謂我師疲於深入未有虞心乘此乃可破也遂兼程進會大霧四塞衝霧行抵白石江霧霽兩軍相望達里麻大驚以爲神兵飛至也乃擁衆逼水陣友德欲濟英曰未可別遣一軍泝上流潛渡出其陣後鳴銅角樹幟山谷中爲疑兵達里麻驚急撤兵還禦陣亂英乃麾師濟江以猛而善泅者先之長刀蒙盾砍其軍敵卻數里而後陣師既濟友德麾兵大進矢石交發呼聲動天地戰數十合指揮趙旺馬蹶死於陣

英等縱鐵騎衝其中連斬數十人敵大敗生擒達里麻俘甲士二萬馬萬匹橫屍十餘里友德縱降者使各歸業夷人見俘者得歸大喜軍聲益振遂克曲靖留兵鎮之乘勝克陽林友德自帥師南擊烏撒沐英攻六梁州擒帖木兒王子兄弟又擊越州龍海諸寨轉向永寧遂與藍玉趨雲南梁王聞達里麻兵敗被擒大懼走滇池島中先縊其妃自飲藥不死投水死之英進至板橋故元右丞觀音保舉城降父老出迎王師英整兵入城秋毫無犯市不易肆收梁王金印并宫府符信圖籍撫定其民復遣將分兵攻烏蒙諸

部未幾俱克降之雲南平友德承制郎其地置布政司及諸司府州縣治之因奏改烏蒙古竇地甸漢屬牂牁唐屬烏蒙據之元時歸附置烏蒙路今改軍民府與下三府俱隸四川烏撒古西南夷地唐宋屬烏蠻元時歸附置宣慰司今改之東川舊烏蠻地元置東川府今因之芒部舊烏蠻所統據之元置芒布路今改軍民府四府地隸四川布政司從之頃之芒部復叛顧成沐英擊破之斬首萬餘級獲牛馬無算頃之土官楊苴等復叛英與馮誠等合兵擊破之斬首六萬餘級生擒四千人諸部復定其麓川緬甸等國皆遣使內附友德遂遣使以故元梁王家屬及右丞觀音保等土酋段明等送至京師　上以雲南平遣耿炳

文往諭友德班師留沐英鎮雲南且曰遲速之機宜自審度友德奉命班師英辨方物定貢額覈民數均力役雲南民大賴以安所置布政司領府凡十二曰雲南古滇國漢益州建寧昆州後没於南詔大理元滅大理置中慶路今改雲南府曰大理漢屬益州後屬永昌唐爲南詔治地元爲大理路今改爲府曰臨安古句町國漢置句町縣唐爲羈縻州後没於南詔元置臨安路今改爲府曰楚雄漢屬益州晉爲爨蠻所據唐初内附置州後入南詔元初内附置威楚路今改楚雄府曰永寧唐宋大理地曰順寧古蒲蠻地元置府曰徵江古滇地漢屬益州唐爲南寧昆二州地後爲南詔所據元滅大理置徵江路曰廣南宋時儂智高之裔居之元置廣南宣撫司今改爲府曰廣西古滇國漢牂牁興古地晉寧州隋牂州唐烏蠻後入南詔宋因之元置廣西路今改爲府曰鎮沅古西南極邊地

㑩落雜蠻所居唐爲南詔銀生府後金齒白夷侵之元初內附置案板寨今改爲定遠府曰蒙化漢屬益州永昌唐置姚州都督府後爲蒙舍詔所據元置蒙化路今改爲府曰景東古柘南地莊蹻漢武孔明拓地俱未至此唐南詔爲銀生府後爲白蠻奪之元收復置開南州今改景東府軍民府七曰曲靖曰鶴慶二府詳見後曰姚安古滇地漢益州弄棟縣唐姚州都督府唐宋南詔地元置姚安路今改爲軍民府曰武定古滇地漢屬益州建寧隋唐昆州地後入于南詔元時置武定路今改軍民府曰尋甸古滇國地唐烏蠻地宋大理地元改仁德府今改軍民府曰麗江漢越巂益州地後屬永昌隋唐巂州沒於南詔宋時爲麼些蠻所據元討平之置麗江宣撫司今改爲府曰元江古西南夷極邊地唐南詔徙白蠻居之宋時沒於麼些蠻元時內附置元江路今改爲府州二曰新化阿僰部蠻自昔據之元時置爲馬龍他郎甸司我朝初爲長官司曰北勝唐南詔始開其地元時內附置北勝州今因之羈夷府二曰孟

民自古不通中國永樂中內附置府曰孟定元時始立孟定路今改爲府御夷州四曰鎮康蠻名石睒本黑僰濮所居元時內附立鎮康路今改爲府曰威遠舊爲濮落雜蠻所居唐屬南詔後白蠻居之元置州今因之曰灣甸蠻名細睒元始內附屬鎮康路今置州曰大候蠻名孟祐白夷所居元始內附隸麓川路今置州軍民指揮使司三曰瀾滄元此勝州地今置衛曰騰衝漢永昌西境越睒地唐置羈縻州後入南詔元置騰衝路今改爲衛曰金齒詳見後直隸長官司六曰者樂甸夷名者島本馬龍他郎甸之地今分置長官司曰芒市唐茫施蠻也後爲南詔所滅元立茫施路今改長官司曰鈕兀自古不通中國宣德時置長官司曰孟璉曰茶山曰麻里俱無考宣撫司三曰南甸元置南甸路國初改府今改宣撫司曰干崖舊名干賴睒甸夷居之元置鎮西路國初改府今陞宣撫司曰隴川舊麓川地白夷所居元置

麓川路國初置宣慰司後思仁叛討平之革除其司置隴川宣撫司于隴把宣慰使司六曰木邦曰孟養曰緬甸曰八百曰老撾俱見後詳曰車里自占不通中國元將兀良吉伐交趾經其所部悉降之置徹里路今改司皆隸焉[illegible]友德英等所服　朝廷前後所置以隸雲南者也夷漢雜居其夷人每乘間竊發然特自相攻擊而已未煩中國師也惟麓川之變最爲猖獗麓川者國初時其酋思倫發內附授麓川宣慰至二十年思倫發叛衆號三十萬象百餘隻勢甚熾時沐英討之謂諸將曰賊之所恃者象耳吾知其無能爲也乃令軍中置火銃神機箭分爲三隊俟象進則火銃以次而發破之必

矣及陣旣交象皆被甲衝突而前我軍矢石俱發象皆股慄而奔乘勝直擣其柵寨遂縱火焚其巢穴復以兵邀擊之賊衆大敗斬首三千餘級俘萬餘人象死者過半思倫發遯去英奏捷還師所過城邑百姓爭持牛酒迎勞之遂廢麓川屬孟養宣慰司以刁某代之正統初宣慰使刁賓玉弱不能輯諸夷思倫後裔部酋思任遂擁衆麓川叛略取孟養地刁賓玉奔永昌死無嗣思任益橫屠騰衝據潞江仍自稱曰法法夷王號也中國訛稱爲思任發云事聞　上遣刑部主事楊寧往諭之不服乃命鎮守雲南黔國公沐

晟左都督方政右都督沐昂率師往征之次潞江思任遣其將緬檢斷江守師不得渡初思任未叛時刀賓玉嘗遣詣晟晟兒子畜之至是晟遣使諭之降思任佯許諾故晟無渡江意緬檢數挑戰政怒欲渡江攻之晟不許政不勝憤夜獨率其麾下渡擊緬檢走之破賊柵斬首三千餘級乘勝深入逼思任上江上江賊重地少選伏兵四起政求救晟怒其違節制渡江不遣久之以少兵往政知晟不力援已乃遣其子瑛還曰汝急歸吾死分也遂策馬突陣死一軍皆沒晟聞敗自知失律喪師罪當死遂飲藥至楚雄發病

卒時廷議多謂麓川遠夷徃發兵爲費不貲宜置勿
問然王振方倖用事欲示威四夷力請大發兵討之
上乃遣兵尚王驥太監吉祥定西伯蔣貴發川廣湖
貴兵共二十萬徃征之陛辭　上賜驥貴等金兜鍪
細鎧弓矢蟒衣以行時侍讀劉球上疏言麓川荒遠
小夷即叛服不足爲中國輕重而北虜脫歡也先輩
侵擾邊境請罷麓川兵專備西北不報蓋振主之也
師至雲南賊方攻大侯州急驥遣兵敗之遂至金齒
分兵三道徑抵上江夾攻三日不下會大風驥命縱
火焚柵因督兵乘之斬首數萬級賊敗走保險驥因

移兵討韋郎羅韋郎羅者維摩蠻也聞驥軍至走安南傳檄入安南追之安南斬其首來獻驥等遂麾兵大破思任思任復走緬驥劄思任所略孟養地畀緬甸購思任緬甸斬思任首送驥所驥兵還奏設隴川宣撫司以緬甸宣慰子銀起莽爲宣撫守孟養地論功封王驥爲靖遠伯進封蔣貴定西侯餘各陞賚有差未幾思任子思機復據孟養地爲亂　朝廷仍命王驥往率土漢兵一十三萬度金沙江攻破之斬獲無算思機竟失所在驥等謂或死於亂兵也王師踰孟養至孟那孟養在金沙江西去麓川千餘里諸酋

皆震怖曰自古漢人無渡金沙江者今王師至此眞
天威也驥還兵夷衆復擁思任少子思祿爲亂攻銀
起莽敗之復據孟養地驥等慮師老虜賊終不可滅
乃與思祿約許以立石金沙江爲界誓曰石爛江枯
爾乃得渡思祿亦懼聽命乃班師以捷聞後成化中
鎭雲南中官錢能貪其珍異過假借之因益縱橫尋
朝廷給諸夷金牌信符所司忘孟養久廢官誤槩給
思祿遂誑諸夷謂今已復其官會叅政毛科征猛密
檄思祿兵思祿以羸兵數千應科爲猛密所敗思祿
大怒遂違誓渡金沙江攻猛密取蠻莫等十七寨科

又勸巡撫金獻民請兵大舉征思祿　上不許會思祿亦遣人奏言爲鄰惡詿誤願入蠻莫十七寨贖罪得比米魯仍以一子襲宣慰如故朝議遲疑不決思祿遂據孟養自立　朝廷亦羈縻不問焉又是時循猛密叛猛密者木邦之部落也其地有寶井爲木邦利府陶猛司歪領之陶猛華言頭目也木邦宣慰使罕揲以其女曩罕弄妻司歪罕揲死其孫罕空立嗜酒好殺曩罕弄遂以猛密叛木邦時南寧伯毛勝守雲南墨猛密寶石許得自貢不關木邦太監錢能尤利其珍賂曩罕弄遂怙勢無忌略地自廣頃之太監

王舉索猛密實石不得因疏猛密叛木邦罪請征之曩罕弄大懼會有江西人周賓五者逋猛密因爲曩罕弄討遣人齎金寶賂政府求釋罪且請授官政府許之遂遣都御史程宗往撫猛密曩罕弄恃有内援益踞傲不出迓宗且要宗過南牙山就見坐講宗不得已從之曩罕弄乃曰我猛密之于木邦猶大象之孕小象也今小象長成軀倍大象矣寧能復納大象腹中乎宗曰然遂以所侵木邦地界之爲設安撫司以司歪子孫世其職木邦人詣宗訴辨宗輒笞止之狀聞政府大喜遂以宗撫雲南尋遷刑部尚書曩罕

弄既立盡奪本邦地罕空奔猛正由是王[illegible]所[illegible]大
不平遣大陶猛倫索提兵衛罕空聲言必滅猛密曾
弘治改元副使林俊稍割猛密地還木邦曩罕弄懼
不敢逆命然遂與木邦兩立爲世讐矣其地遐方雜
落雖各異險然皆疊山崇障瀉澗縈紆城郭人民夷
居什七其土民衣冠禮義中國同風夷人種類非一
習尚不同曰僰人曰爨人（即黑白羅羅）曰麽些曰秃老曰
些門曰蒲人曰和泥蠻曰百夷又有小百夷曰土獠
曰羅舞曰撒摩都曰摩察曰濃人曰山後人曰哀牢
人曰蛾昌蠻曰解蠻曰魁羅蠻曰傳尋蠻跣足椎髻

會獵喜鬬重佛誦經力耕罷訟婚惟私耦居多構樓而廣南順寧之地食惟百蟲衣惟幅布諸夷中最爲陋惡者也其山川古蹟則雲南之菽雾山在嵩盟州相傳蒙世隆征烏蠻得四女歸至此山四女遙望故鄉歎息忽山顛霧結三峯昆明池廣五百餘里產衣鉢蓮花千葉蘂分三色即滇池也龍池在府城北溪不可測其中魚人不敢取禱雨輒應石洞泉有二一在嵩盟州一在昆陽州其潭中有青白大魚俗呼龍魚人不敢捕海眼泉在安寧州一日三潮隨湧隨涸俗傳僧戒照卓錫之泉大理之鳳羽山在浪穹縣相傳細奴邏與時此山有鳳後鳳或每歲冬衆鳥哀弔其上今土人於鳥來時舉火取之鳥見火則赴火或玉泉井在趙州元世祖南征駐兵於此時久旱軍士渴世祖懇禱以劍插地清泉自湧出赦開寺在趙州蒙氏時有見佛飛來於此故建寺焉石耳竅在龍首關石有竅深不可測患有疾者以

海肥納其中郎愈

臨安之仙人坡在通海縣每旦有白沙中數巨人跡在上或掃去之明日復見

通海湖在通海縣相傳昔水涝不通有僧於石筍叢立處以杖穿穴洩其水

火井在阿迷州中常有烟氣投以竹木則火燃夜則有光

龍泉龍華泉二泉俱有靈物潛焉歲旱禱之致雨

楚雄之青峰城在府有石高廣皆入尺名曰俄碌石數人搖之則動百人拽之不刷

臥龍崗在府有石高廣皆五尺其隙有物如小蛇隱見不測人以爲龍

龍銜洞在廣通縣入其洞則聞音樂之聲

石羊井在定遠縣上有石似羊人稍動之則井水泛溢

神石在南安州石高十餘丈土人歲以金帖其頂凡有禱輒應之

蒙化之伏虎寺蒙氏時有二僧曰俱盧爾曰道葺役二虎搜木創此寺寺成乘二虎去

曲靖之貢金山在府山皆青黑石有一穴水深尺餘童子初學書必投肥其中汲以研墨

姚安之白羊井在府昔有女牧羊於此有一羝舐土驅之不去掘之得鹵泉故至今出盐

武定之惠嫋湖在府廣五

里水清碧深不可測葉落其中有青鳥銜去**尋甸之勇克山**在府積雪至春不消**隱毒山**獨無嵐瘴每歲夏月土人居其上**北勝之陳海**八十里本陸地有姓陳者居此一夕沉爲海出白鱓魚**金齒之九隆**即哀牢九隆事也**哀牢山**絶頂有一石如人坐中有二穴土人於春首視水之盈涸以卜歲之豐凶又有一石二泉出馬一溫一涼**羅岷山**高千餘仞頂常有石飛下過者必趨避之方免舊傳蒙氏時有僧名羅岷常作戲舞岩石亦隨舞故然**光明井**唐大曆間井旁見三角牛四角羊鼎足雞井中有火燭天南詔遂塞之**萬箭樹**段氏時蠻出沒經此過者射此樹以厭勝至今猶然樹高百尺而鏃如蝟刺**南甸之丙弄山**相傳昔有異僧坐化于此變爲石人經其嶼止存其頭上人祀之**木龍山**甚高上有石梯**物產則雲南之馬**昆明富民宜良三縣出世稱西馬又易門縣蒙低梨叢山谷常產異馬**嗽金鳥**魏明帝時國人獻此鳥飴以眞珠常吐出金屑鑄爲器最佳性不畏寒故謂之辟寒金言

人爭服之伽佗羅樹木堅如石文橫有銀屑作琴最妙大理之點蒼石有山水草木人物鳥獸狀者爲佳無花果不花而實生枝葉間如李感通茶感通寺出味勝各處者高河菜味甚佳若採者高聲雲雨驟起盎兩河乃龍潭也徽江之鮹鮮魚一名康郎魚滇人貴爲瘴藥廣西之白面猿雞腿竹每節上大下小如雞腿狀鎮沅曲靖之小雞晝夜鳴聲不絕與中土雞異石燕狀類燕大曰雄小曰雌能愈眼疾姚安之人參南方惟此處產孟定之香櫞南甸之吽雞晝夜依十二時而鳴紅藤篾夷婦用爲腰飾干崖之土錦四時皆蠶以其絲織五色錦充貢竹騮大如兔至肥隴川之芋大者長一尺二三寸灣甸之茶出境內孟通山鎮康之鱗蛇膽蛇長丈餘四足食鹿春冬在山夏秋在水臨安元江皆有土人殺而食之取其膽治牙解毒藥黃鱗者爲上大藥有大如斗者味甘美鮮子大如棗味

酸鎮康之金剛纂色青狀如刺桐性最毒垂絲竹諸物各隨土
產若鹽鐵金銀寶石琥珀青碌黃藤果之類則處處
有之

曲靖以下俱補前未及敘者

曲靖漢爲益州郡味縣地後改置建寧郡晉書有安
邑人爲南寧太守因中國亂遂王蠻中朱梁書有爨
瓚者據其地延袤廣千里後分東西二爨而曲靖爲
西爨白蠻地瓚死子震玩立隋時遣使朝貢文帝即
其地置恭州協州昆州未幾叛帝誅震玩諸子沒爲
奴唐高祖即位以恭協爲曲州靖州以震玩子弘達

爲昆州刺史弘達死子歸王嗣時兩爨互相攻擊歸王襲殺東爨首領益聘南詔閣羅鳳以兵脅西爨徙之至龍和皆殘於兵東爨烏蠻復振徙居曲靖州世與南詔爲婚及南詔阿羅鳳強盛遂併其地置石城郡宋屬大理元至元中內附置曲靖路　我朝洪武中西平侯沐英征雲南元平章達里麻擁兵十餘萬屯於此遂進師至白石江與之大戰生擒達里麻俘甲士二萬餘遂即其地置曲靖軍民府其俗椎髻皮服力耕好訟喜戰鬭少廉耻產氊鐵石燕等物

鶴慶

鶴慶漢永昌郡西北境唐時爲越析詔之地越析詔者亦六詔之一也或謂磨些詔國小故其世次名號諸書不載唐貞元中有酋豪張尋求烝其王波衝妻因殺波衝劒南節度使召尋求至姚州殺之部落無長以地歸南詔名樣共川南詔於樣共置謀統郡元初內附置鶴州尋改鶴慶路　本朝洪武中傅友德沐英等既平大理遂分兵取鶴慶克之改爲軍民府其民蠢朴稍剛好嚚訟帶弓矢土產馬蹄鹽樝子松子氈罽等物

金齒

金齒古哀牢國也漢置永昌郡唐爲南詔所據宋屬大理國元收復之其先有婦人名沙壹捕魚水中觸沈木有孕生子十人後沈木化爲龍沙壹忽聞龍語曰若爲我生子今悉何在九子驚走一子不去背龍坐龍因舐之其母鳥語謂背爲九（九或作元）謂坐爲隆因名子曰九隆及後長大諸兄以九隆能爲父所舐而黠推以爲王哀牢山下有夫婦復生十女九隆兄弟妻之遂漸滋長種人皆刻畫其身象龍文衣後著十尾九隆死世世相繼分置小王往往邑居散在溪谷絕域荒外山川阻深生民以來未嘗通中國也南中

羅毘悉皆祖之故諸葛亮爲其國譜云漢光武初王扈栗遣兵六乘箄船南攻鹿茤會震雷疾風雨箄船沈溺後輒失利扈栗懼曰鹿茤小國也今攻之數被天譴意中國有受命之王乎即遣使歸義奉貢世祖納之以爲西部屬國而封扈栗等爲君長明帝時哀牢王柳猊（漢書作柳貌）遣子奉獻內屬帝以其地置哀牢博南二縣屬永昌郡而以屬郡鄭純爲太守政化清潔夷人戴馬章武初諸郡叛亂功曹呂凱奉郡丞王伉保境丞相亮南征高其義表曰不意永昌風俗乃爾遂以凱爲雲南太守皆封亭侯及元康末夷閩濮反

乃南移永昌去故郡千里相與隔絶矣唐麟德初復以故地置姚州都督府仍用唐官鎮馬而其酋夷數反長史李孝讓辛文協叅軍録事李稜等前後見殺者甚夥張柬之表請罷州武后不納其後遂爲南詔所據（事具見前）至元時收復大理即古哀牢之地置永昌州　國朝洪武中傅友德沐英等既平大理叚明就擒遂分兵進攻金齒下之　上遣使勑勞友德等曰卿等提兵深入振揚國威擒首帥於曲靖之西敗烏蠻於河渡之北席卷長驅掃金馬碧雞而撫金沙至於金齒不戰而服撫定百蠻威加八譯將軍之勞至

矣欲勞以尊酒遠不能及特以朕心勞之尚勗之哉遂詔卽其地置永昌府尋省府改金齒軍民指揮使司今復改爲府其夷人有數種以金裹兩齒故號金齒有漆其齒者曰漆齒蠻文其面者曰繡面蠻刺其足者曰花脚蠻以綵繩撮髻曰花角蠻惟居諸葛營者衣冠禮儀悉如中土營去司僅十里昔孔明擒孟獲屯營於此民懷其德立祠祀之故名產有桐花布（其花有白毳取緝爲布不受污先以覆亡人然後服之）濮竹（其節相去二丈）猩猩貊獸（食鐵須臾便數十斤似熊而小）荼首（音爲蔡茂乃兩頭鹿也）金（產麗水如糖浮水上）爲奇

緬甸

緬甸古西南夷未詳何種元至元中遣使乞解脫因等持詔諭之金齒頭目阿必引導至其國緬王怒遂發兵侵金齒虜阿必而去厚獻乃釋之阿必之子阿郭由是恨緬王因與建寧路安撫使賀天爵言入緬有三道一由天部馬一由驃甸一由金齒地界俱會緬之江頭城又言其親戚阿提犯在緬掌五甸戶各萬餘欲内附願先招阿提犯及金齒之未降者以爲引導會雲南省亦言緬王無降心去使不通必須征討元遂有征緬之志矣頃之緬人以阿禾附元怨之攻其地時大理路官忽都信苴日脫羅脫孩奉元命

討騰越蒲驃諸部之未降者阿禾告急忽都等遂便道擊之是時緬衆四萬忽都等軍僅七百人緬人前乘馬次象次步卒象被甲背負戰樓兩旁挾大竹筩置短鎗數十於其中乘象者取以擊刺忽都三人分兵各爲一隊交戰良久緬人大敗軍及象馬自相蹂死者盈三巨溝捕虜甚衆其脫者又爲阿禾兵邀殺無幾元軍皆全自是後元乘勝征緬不休元帥納速剌丁征之降戶三萬五千二百右丞太卜等征之破江頭城擊殺萬餘人以兵守其地緬王震懾遣使請納款元遣使怯烈往其國未及至緬王爲其庶子不

速速古里因執而與大官木浪周等作逆怯烈合雲南省軍征之餘緬始平乃定歲貢方物請歲輸銀一千五百兩帛千匹馴象二十粮萬石元從之大德初封緬王的立普哇拿呵迪提牙爲緬王賜以銀印自是朝貢不絶矣　我朝洪武中既平雲南其酋遣使内附立緬甸軍民宣慰使司正統時有功麓川事已具滇南志中其朝貢自洪武至弘治時不絶每遇朝廷改元頒給勑諭一道銅鑄信符一面勘合號紙一百張以文行忠信四字爲號付各宣慰司收掌遇進貢或奏事情則塡寫赴京另有底簿付雲南布政

司以備查對其地自司治東北至雲南布政司凡三十八程有城郭廬舍以居有象馬以乘有舟筏以濟人形陋體黑性柔而詐男子善浮水綰髻於頂前用青白纏之婦人綰髻於後不施脂粉男女皆合檀麝姜黃當歸末塗體以爲奇事佛敬僧有大事則抱佛說誓質之僧然後決進　上文字用金葉次用紙又次用貝葉檳榔葉地勢廣衍有金沙江多嵐瘴隆冬人過雖袒裼皆流汗惟雨中及夜渡無害江中沙色皆黃故名緬人恃以爲險產有白氎布兜羅錦樹頭椶其實汁可作酒葉即貝葉也石油可療惡瘡爲異

八百

後茂州西南築安戎城絕吐蕃通蠻之路生羌爲吐蕃鄉導攻拔之增兵以守西瀕河諸蠻皆臣吐蕃矣宋初茂州無城隍惟植鹿角自固蠻乘夜每入寇民甚苦之相率詣州請築城知州事范百常實主是役蠻以爲侵其地率夜奄至百常擊走之乃合靜時等蠻來寇百常拒守凡七十月詔遣王中正將陝西兵來援誅殺頗衆蠻乃降自後內附者甚夥政和中復反遣將种友直等擊破之諸族蠻敗散其酋䏻烈詣茂州請降詔授以官宣和以後入寇不絕矣元時始內附　我朝洪武初龍州知州薛文勝指揮僉事會

貴征松州及茂威等處克之即古松州地置松潘衛尋改軍民指揮使司領千戶所一長官司十七安撫司十七其地山川險峻雨雪多寒雖在盛夏凝冰不釋故夷人冬則避寒入蜀傭賃自食夏則避暑歸落歲以爲常人依山居累石爲室高者至十餘丈土人呼爲碉房云刻木契以成交易炙羊髆以斷吉凶死三年乃葬以蠡蚌封棺父母喪斬衰布衣不澡者四五年姦淫事則輸金銀請和而棄其妻惟處女娶婦弗禁相殺必報力不能則其部共攻之有罪者樹一長木擊鼓集衆其下强盜殺之富者貫死燒屋奪其

爲人有覺其術者更置穢物於他方則彼人反
害其俗男衣白文身髡髮摘髭鬚女上衣白下圍桶
裙耳帶金圈手貫象牙鐲所居皆竹樓男貴女賤雖
小民亦奴視其妻耕織貿易差徭之類皆係之土產
靈蛇膽古剌水土錦鑾錫爲異

老撾

老撾古屬哀牢未通永樂初酋招攬章入貢方物始
置宣慰使司其民皆百夷性獷悍身及眉目皆刺花
樣服食器用大類木邦其酋長有三等長曰招木弄
次曰招木中又次曰招花爲宣慰者即招木弄也居

高樓其上寬廣見人不下樓部屬見之則所至之地各有等限使客亦然而設通事引之以至其地不差尺寸土產西木香鮮子等物

播州 以下今隷四川

播州古夜郎國地楚襄王遣將莊蹻泝沅水出且蘭以伐夜郎植牂牁繫船無何且蘭既克夜郎又降而秦奪黔中地無路得反遂留王滇池蹻楚莊王裔也以繫船因名牂牁國分侯支黨傳數百年秦并蜀通五尺道置吏主之漢興遂不賓是時西南夷君長惟夜郎竹王最雄昔有女子浣於水濵值三節竹流入

女子足間推之聞內有兒聲剖之得男兒長有材武遂雄夷狄以竹爲姓捐所破竹於野成竹林今竹王祠竹林是也後漸驕恣會南越反武帝發兵破之竹王始倚南越越滅恐懼遂入朝封爲夜郎王未幾復叛武帝迺斬竹王郎其地置夜郎縣屬牂牁郡後夷濮咸怨訴竹王非血氣所生求立後祠漢封其三子列侯歿配食父祠今竹王三郎神是也成帝時夜郎王興與鉤町王禹漏臥侯俞更相攻擊漢遣使張匡持節和解之夜郎鉤町王不服乃刻木作漢使射之漢於是以陳立爲牂牁太守立既到郡單至夜郎召興

興將數千人往見立立數責斬興出曉其衆皆釋兵降興子耻叔餘兵迫脅旁二十邑反立又擊平之公孫述時大姓傅龍尹董氏與郡功曹謝暹保境爲漢光武嘉之並加褒賞自後渠帥多姓謝氏代爲東土牧守臣服中國隋末大亂首領謝龍羽强勝兵數萬遂不內附唐興龍羽遣使奉貢太宗即其地置播郎牂夷珍溱等州封龍羽爲夜郎郡公及後王建據西川由是不通中國後唐時牂牁清河刺史宋化朝等一百五十人來朝孟知祥據蜀復不通貢宋平孟昶乾德初復貢名馬丹砂詔召見其使諭以地里風俗

因令作本國歌舞一人吹瓢笙如蚊蚋聲良久數十
輩連袂宛轉而舞以足頓地爲節詢其曲則名曰水
曲其使十餘輩從者千餘人皆蓬髮面目黧黑狀如
猿猱使者衣虎皮氈裘以虎尾插首爲飾大中祥符
以後頗爲寇抄轉運使寇瑊調兵擊之夷人寧息終
宋之世朝貢不絶其首領五姓龍方張石羅龍氏最
大世世襲職奉貢尤頻使者但衣布袍至假伶人之
衣入見蓋貧陋所與者恩賞而已故事蠻夷入貢
皆御前殿見之獨此諸蕃見於後殿蓋卑之也元時
内附如故　我朝洪武初其首領楊鑑率其屬來朝

楊鑑者自唐至今世爲播州安撫者也唐末南詔陷播州太原人楊端應募往復之遂有其地四傳至昭無子時宋益州刺史楊延昭之子充廣使廣西與昭通譜以其子貴遷後之其孫文廣從狄青南征有功後至粲而益大此宋景濂楊氏家傳所載與宋史不同鑑乃其後裔也詔封鑑爲播州宣慰使領長官司安撫司二世守其地尋討雲南鑑爲先鋒其後又有楊洪楊俊楊信者俱著威名成化中刑侍何喬新等以播州宣慰楊愛楊友兄弟訐奏奉命勘問監候竊惟楊氏五百餘年蠻夷服從久矣今恐生他變宜提二人面對虛實免

其監禁爲便從之友愛皆楊輝子以嫡庶故相讐殺事詳炎徼紀聞本朝[illegible]楊氏最厚大抵若此其地曠遠跨接溪洞俗惟儒官戸與中國同夷地則椎髻披髮信鬼好詛射獵爲業婚姻以銅器氊刀弩矢爲禮樂以銅鑼鼓橫笛歌舞爲樂會聚以漢服爲貴出入背刀弩自衛至於與華人交易略無侵犯山川古蹟最多無奇故不載產斑布文龜犀角雄黄等物

黎州

黎州古西南夷筰都地白馬氐之遺種也漢時自越巂以東北君長以十數筰都最大及武帝定西南夷

以笮都為沈黎郡尋罷郡置兩部都尉一治旄牛主外羌一治青衣主漢民和帝時旄牛徼外白狼樓薄蠻夷王唐繒等率種十七萬戶內屬安帝初旄牛夷叛攻靈關益州刺史張喬與西部尉擊破之分置蜀郡屬國都尉晉時初為李雄所據尋復入於晉至後周改置黎州隋唐為登州天寶乾元初改漢源郡後復為黎州時有三王蠻者楊劉郝三姓世為長襲封王疊甓而居號二云稠舍歲給南詔帛三千匹而南詔亦密賂之以覘成都虛實此笮都之最强者也五代時前蜀王建後蜀孟知祥繼有其地王建者舞陽

人也後唐時據蜀稱帝傳子宗衍莊宗滅之孟知祥
者龍江人也初仕後唐鎮蜀愍帝時據蜀稱帝傳子
昶宋太祖滅之而故筰都之地仍爲黎州屬成都路
時蠻類最多凡十一種曰邛部蠻曰風琶蠻曰保塞
蠻曰三王蠻曰淨浪蠻曰西箐蠻曰阿宗蠻曰烏蠻
白蠻兩林蠻山後蠻其地皆近黎州宋史總謂之黎
州諸蠻云元時屬吐蕃等處宣尉司　我朝改黎州
長官司尋陞宣撫司地處極邊俗混夷漢氈裘椎髻
與漢人交易不用錢漢以細絹茶布番以紅椒鹽馬
尚鬼信詛謂主祭者爲鬼主故其酋長號都鬼主州

十里外尚有洸黎城故址漢武立郡後周黎州隋唐登州皆置於此其山川古蹟則有**聖鍾山**（昔人聞山有鍾聲及見五色光現異人云此地當有巨鐘取之果得）**白崖山**（其傍穴間有氣出騰空爲白雲須臾風起號怒如雷）**寶蓋山和尚山**（二山時見五色光現）**乾濕洞**（其中有牀座竈突之類皆崖石自生者凡瘴欲動時飛鳶皆集此洞瘴已乃出土人欲知無障以鳶爲候）**梵音水**（唐三藏至此持梵音而泉湧出故名味極甘宋太守宇文矦過而飲之曰佳泉也易名參玉泉）**馬跑泉**（相傳肉齒和尚乘白馬至山半馬渴而跑地泉爲之湧出）**龍池**（池口有龍祠内枯槎三株如龍形觸之則風雨暴至）**夜叉穴**（有物似猴長七尺能人行名曰玃路見婦人則盜之入穴產子皆如人以楊爲姓故今蜀中西界多謂有楊姓爲玃之子孫者其人猶然玃爪也）**產惟麝香牛黃笻竹杖天南星等物**

建昌

建昌諸衛本古邛都國地漢註自滇以北君長以十數邛都最大武帝定西南夷開以爲越巂郡領邛都會無等十五縣未幾而邛都地陷爲汙澤因名爲邛池李膺益州記邛都有老姥家貧孤獨每食輒有赤蛇戴角在牀間姥憐飴之後長丈餘殺邛都令駿馬令忿責姥出蛇覓之無見遂殺姥蛇乃嗔言當報毋仇此后每聞夜有雷若風四十許日其地方四十里城郭居民一時皆陷惟姥宅無恙至今猶存漁人每遇風浪必依止宿水淺時輒得舊木水清猶見城郭

樓禮此事與歷陽爲湖事相同王莽時郡敉根調邛人長貴爲軍候頃之長貴攻殺敉根自立爲王光武因就封之授越嶲太守後劉尚擊益州夷路由越嶲遂掩殺長貴徙其家屬於成都安帝時夷人復叛楊竦平之渠帥三十六種皆來降附竦因奏長吏姦猾侵犯蠻夷者九十人皆減死論自後數叛章武初越嶲叟大師高定元稱王攻殺將軍焦璜破沒郡土諸葛亮遣越嶲太守龔祿住安上縣遥領太守安上去郡八百里有名而已建興初越嶲太守張嶷誘殺夷王及其弟隗渠等又討叛負降夷人威信允著蠻夷

率服延熙初遂還舊郡更築郡城夷人男女莫不致力及嶷遷後頗復奸宄矣晉時徙越嶲郡治於會無縣宋因之齊謂之獠郡後周置嚴州隋爲西寧州尋改越嶲郡唐初改嶲州尋改越嶲郡時蠻類最多惟邛都蠻爲盛地廣千里乃東爨烏蠻之部落唐書之勿鄧兩林宋史謂之邛部蠻者是也至德初南詔陷嶲州勿鄧遂羈屬吐蕃貞元中復納款唐以勿鄧大鬼主苴嵩兼邛部團練使封長川郡公及死子苴驃離幼以苴夢衝爲大鬼主數爲吐蕃侵獵兩林都大鬼主苴那時遺韋皐書乞兵攻吐蕃皐遣將劉朝彩

鄧英俊等合蠻兵攻之苴那時戰甚力大破吐蕃於北谷殺傷無算所獲鎧仗牛馬各以萬計詔封苴那時爲順政郡王苴夢衝爲懷化郡王給印章袍帶三王皆入朝宴麟德殿賞賚加等歲給其禄鹽衣彩令黎巂二州吏就賜之然苴夢衝内附吐蕃斷南詔使路韋臯召夢衝至琵琶川斬之披其族爲六部更置大鬼主馬懿宗時其地爲南詔所據改巂州爲建昌府而以烏白二蠻實之遂不通中國矣宋開寶初邛部都鬼主阿伏遣子入貢詔嘉納之賜以器幣後阿伏又以平定遠叛兵功賜銀帶錦袍加封歸德將軍

自是訖眞宗時朝貢不絕貢有名馬犀角象牙渉羅毯金飾鑾刀金飾馬鞍勒㹊羊犛牛等物宋輒優詔加官厚賜遣之天聖中邛部蠻王黎在遣使入貢時占城龜茲沙州亦皆入貢至以家自隨者晏殊因請圖其人物衣冠并訪道里風俗以上史官詔可熙寧初都鬼主苴尅遣使來賀登極詔賜勑書器幣襲衣銀帶苴尅死詔其弟厓巍嗣淳熙初吐蕃種落侵犯邊境厓巍擊殺有功宋益優禮之厓巍死姪墨厓承襲依例受官寧宗時邛部鬼主部庫與親族厓則內自相攻厓則結兩林蠻爲援部庫懼求救雲南雲南

喜其附已遂發兵攻兩林蠻滅之蠻族素忠順自宋初以來遮蔽雲南之路故雲南與中國絕至是黎巂失其藩籬矣元至元間內附置建昌路又立羅羅斯宣慰司統之 本朝洪武中傅友德沐英等攻下之詔置建昌府尋改四川行都司領衛六曰建昌衛曰建昌前衛二衛附郭古越巂郡治地也曰寧番衛曰越巂衛二衛俱去司二百里古邛都縣地也曰鹽井衛在司城西三百里古越巂郡定筰縣也曰會川衛在司東南五百里古越巂郡會無縣地也其地大抵土廣人稀民足衣食重儒敬佛通商殖貨益西南咽喉衝要處也然竹籬板舍不事修飾市井荒陋有青草黃茅之瘴舍造

堅甲利刃弩置毒其末沾血立死古蹟則建昌之武侯城孔明所築所謂五月渡瀘者即此孟獲城即孔明擒孟獲處也寧番之瀘泉穴冬夏熱其溫可湯雞豚下流治疾病水神護之不可汙穢倘洗亂髮照洄則使人惡疾會川之濮人冢冢不蔽尸其穴多有碧珠人不可取取之不祥天馬冢民牧馬其處或產駿駒則云天馬子也鹽井衛之鐵石山山中有石燒之成鐵為劍戟極鋒利越嶲之魚洞河出魚長二丈頭特大遙視如帶鐵釜之狀此為奇也產惟銀鐵石青石綠等物

松潘

松潘古冉駹地漢時自筰以北君長以十數冉駹為大武帝開以為汶山郡宣帝時夷人以立郡賦重帝

乃省幷蜀郡爲北部都尉靈帝時復分蜀郡北部爲汶山郡後主時汶山平康夷反姜維討破之歷魏晉宋隋皆爲汶山郡夷人亦未嘗入寇唐初置松州後改交川郡貞觀中嶲州都督劉伯英疏言松外諸蠻叛服不常請擊之西洱河天竺道可通也於是遣將梁建方發蜀十二州兵進討酋長雙會拒戰敗走殺獲十餘萬諭降者七十餘部戶十萬九千署首領蒙和爲縣令羣蠻感悅初西洱河蠻驚走建方好語約降其帥楊盛等納款軍門建方振旅還頃之西洱河大首領楊斂松外大首領蒙羽皆入朝授以官秩其

[illegible]世傳其土酋有妻八百名領一寨因名八百媳
婦自古不通中國元世祖及成宗屢遣將征之竟無
功其酋恃遠叛服不常至元統初平章賽典赤遣使
招附置八百等處宣慰司使我　朝洪武二十四年
其酋刀攬那來貢方物始立八百大甸軍民宣慰使
司每遇改元則頒給勑諭金牌勘合與緬甸同其地
自司治北至布政使司三十八程其人性頗緩剌花
樣於肩目間以爲飾男女服食與木邦同事佛敬僧
亦如緬甸與客相見無跪拜之節但把手爲禮土產
白檀香安息香爲異

木邦

木邦一名孟邦一名孟都以其種類繁熾故又名百夷在雲南之西南自古不通中國元世祖時命將伐交趾經其所部盡降之立木邦路軍民總管府領三甸至我　朝洪武中命西平侯沐英遣使往諭之始從化來王置木邦府尋改宣慰司事具南中志中相傳木邦諸夷多幻術害人能以木換人手足骨人初不覺久之行遠任重即痛不能勝有不信者死之日剖股視之果木也又能置汙穢於塗中害某則置某方彌之即變爲牛羊犬豕諸畜形以錢物贖之復變

田部落甚衆無大君長各自推一人爲帥亦有知文字曆數者自云其種皆莊蹻之裔也山川古蹟無竒産甘松諸藥旄牛重千斤食藥鹿腸中有糞可療毒疾五角羊等物

論曰西南夷之難馴服也自古然矣以漢武大略猶未能化洽點蒼諸夷唐圖南詔秪自喪師宋弃越嶲諸郡棄之元號兼有華夷而老撾者烏鈕兀諸部卒未通也自古及今孰有郡縣其地二百年來寧謐底定如今日之盛者蓋由我 聖祖神謨遠略使然而諸將若傅友德沐氏父子之威勘惠戢與有力焉顧

鷙悍難馴向背靡常附近郡司尤爲易制至於木邦
諸司之地恃其險遠安輯爲難自麓川猛密勦定之
後而百夷緬甸搆釁相尋後雖伏罪然以百萬王師
桓桓大將與彼蕞爾小蠻相爲角力譬則千鈞之弩
以鼷鼠發機其得不償失明矣語云至德之世虎豹
可尾虺蛇可躡況蠻夷人類曷嘗不可以德澤孚也
唯是官守滇南者善撫綏之其過於勝敵遠矣

咸賓錄南夷志卷之七 終

錢世傑寫
姜侑勝刊

咸賓録南夷志卷之八

明豫章羅曰褧尚之父著

貴南諸夷

古羅鬼國九隆後裔蜀漢時有火濟者從諸葛亮征孟獲有功封南甸王唐阿佩宋普貴皆以開國初納土襲爵元至元中詔兵討之時左丞李德輝以左丞被命在播州遣張思孝諭降其酋阿察熟知德輝身自至播泣且告曰吾屬百萬人微公死且不降今得所歸蔑有二矣德輝乃奏改鬼國爲順元路即以阿察爲宣撫使頃之劉繼昌招降西南夷龍程洪方石

盧諸蕃大姓爲安撫使其地遂平有宣撫使阿畫者阿察之裔也以征伐有功加封世襲南甸侯至 國初其裔孫靄翠與其同知宋欽及思州宣慰田仁智思南宣慰田茂安歸附宋欽者其先宋景陽爲宋寧遠節度使馭蠻有方遂世爲安撫田仁智茂安者其先田祐恭爲蕃部長宋徽宗時納土入覲後從破賊有功璽書加封世守其地者也 高皇帝詔靄翠等仍其官領部如故靄翠死妻奢香代立宋欽死妻劉氏代立劉氏多智術時馬爗以都督鎮守其地政尚威嚴欲盡滅諸羅酋代以流官乃以事裸撻奢香欲

激怒諸羅雝酋爲兵端諸羅夷果憤怒欲反劉氏聞止之爲走愬京師　上令折簡召奢香至詢故　上曰汝誠苦馬都督吾爲汝除之然何以報我奢香叩頭曰願世世輯羅夷令不敢爲亂　上曰此汝常職何云報也奢香曰貴州東北有間道可通四川梗塞未治願刊山通道以給驛使往來　上許之曰吾知馬爗忠慤無他腸然何惜一人不以安一方也乃召爗數其罪斬之遣奢香等歸諸羅夷大感服爲除赤水烏撒道立龍場九驛達蜀奢香死靄翠弟安的立後遂以安爲姓今尚襲封時分置安撫宣慰長官司猶未郡縣

其地也至永樂初思州宣慰使田仁智子琛思南宣慰使田茂安子宗鼎各嗣立以爭砂坑故日尋以兵交 上遣行人蔣廷瓚往勘之琛從廷瓚入見白事自言思南故思州地當歸之又數宗鼎罪狀 上曰思南舊歸僞夏時汝何不取以自屬乃今言邪且罪惡在彼汝何與焉亟歸守爾土靖爾封略愼勿構釁啓兵端再犯吾縻汝矣琛歸與宗鼎仇殺如故屢禁之不能止 上尋密遣校士數人潛入二境執琛宗鼎去二酋既就執城中猶寂無知者忽一日使出揭榜諭諸夷曰 朝廷以二酋日構殺荼苦百姓故特

遣使報問狀首惡既擒餘一無所問[illegible]
帖然琛宗鼎至京師俱斬之乃命兵部尚書印全忠
曰思州思南苦田氏久矣不可令遺孽復踵爲亂其
易爲府治遂置貴州布政使司領宣慰使司一洪武初隸湖川雲三省今始專置布政司嘉靖始專開科焉府六曰思州秦黔中漢武林唐思州宋元因之田氏所據曰思南元以前與思州同自田祐恭後田氏世爲守曰鎮遠本夷人谿洞元置鎮遠府今因之曰石阡舊爲荊州南裔元置石阡長官司曰銅仁古溪洞蠻地元置銅仁長官司曰黎平古屬牂牁五代至宋田氏據之元置潭溪長官司州四曰普安古夜郎地蜀漢興古郡隋牂州唐西平州南詔時烏蠻居之元置普安路國初傅友德征服曰永寧曰鎮寧曰安順三州皆古荒服地元始置州今因之直隸安

撫司一曰金筑古荒服地元置金筑府今更之衛十五曰普定古羅甸國後羅鬼蠻居之元置普定路洪武初傅友德征雲南攻普定阿和蠻悉降曰新添古荒服地宋時上官宋永高克服麥新等處乃改麥新爲新添元置安撫司曰平越古蠻夷地歷代叛服不常今始置指揮使司曰龍里曰都勻國初爲衛今改都勻府曰赤水曰烏撒曰畢節諸衛俱古西南夷地元始置長官宣撫司今更之曰威清曰平壩曰興隆曰清平四衛俱古西南夷之地以前歷代未附曰安莊曰安南二衛俱古西南夷之地元置衛屬普安路曰永寧古蠻夷地唐屬州元永寧路曰普安在昔安州直隷貴州皆隷焉正統初麓川之役王驥等調雲南貴州兵以行連兵十年將士多死列衛空虛諸苗獠乘閒竊發攻陷城堡於是十四年貴州香爐山苗

蠻反攻圍新添平越諸衛道梗弗通城中食且盡事
聞　上命總督雲南侯璡都督方英等率兵討之時
普定圍急璡自雲南選善射者爲前鋒自將至普定
疾戰矢下如雨賊大敗圍解遂趨貴州克龍里甕城
羊腸諸寨新添平越清平都勻諸圍一時皆解　上
嘉其功遷尚書又進克安莊西堡長官司時暑雨人
多疫癘璡得疾乃歸普定卒苗復反會王驥等平麓
川歸所經路民皆泣陳苗害驥等謂曰吾征麓寇未
受命攻苗也去之尋命驥等征苗時苗甚猖獗都督
宮聚張軏等與戰失利惟驥擒其酋首富蠱檻送京

師伏誅然苗勢愈熾驥亦不能定奏言久在南裔身
染瘴毒乞還　朝廷乃以保定伯梁瑤都御史王來
代驥同方英陳友等征勦之于謙乘此奏遣國初降
胡徙置河間東昌等處者厚與賞犒隨瑤往征叛苗
尋復奏苗其地於是也先之寇遂無騷動內應者頃
之王來擒苗韋同烈等香爐山平是時景泰二年也
弘治中普安女苗米魯反米魯者普安土知州妻也
夫死魯主事殺其庶子欲自襲夫職鎮巡官不許且
聲言正其罪魯遂反囚鎮守內臣戕殺文武藩臬官
兵勢甚熾事聞　詔遣南京戶尚王軾兼總督統川

湖雲廣及貴州諸路漢土官兵共十餘萬討之遂破
米魯兵平之斬首五千餘級加軾太子太保時有清
平苗曰阿溪者江西人也漂蕩至其地桀驁多智久
之遂為砦主有子阿剌膂力過人能被三重甲持二
丈之鎗兩端著刃遇數百人與敵刺以槍點地輒躍
起三五丈飛行稠人之上而戰若數丈川澗跨越之
如溝澮然父子謀勇相挾夷落畏之凡守鎮諸官寡
廉者皆受其歲賂遂益放肆歲以產畜分給諸苗而
倍征其入凡我商民經其地輒誘令他苗邀劫殺掠
歸輸於巳官司差隸卒訪必先謁溪請討溪乃要我

重賄然後以素不附己之酋指爲賊官司以爲耳目益與之狎人人惴恐莫敢誰何會督撫孔鏞巡鎭貴州輒以刧殺官事聞鏞詢之故官隷俱云屬之阿溪可按其事鏞疑之遂身單騎至清平詢知溪爪牙有王指揮陳總旗二人召之至鏞曰事我具知今且貰汝罪急取溪剌自贖不然重辟汝矣二人謝去相謂曰惟鬭牛事可以誘致溪剌也俗大姓每歲出牛以券圍之券多則牛大以多寡爲勝負云乃計置一牛令各砦出兵并官兵俱伏牛旁刻期爲援二人往謁溪相見歡若平生因談及牛事溪剌不勝奮激欲行

以雞卜不吉溪言吾夜夢綱恐不利出二人曰夢綱
得魚牛必屬王矣溪剌大喜與二人刻木四騎聯而
出至其地出其不測伏兵數百人盡發促剌剌徒手
傷百餘人竟就執并溪檠之檻至貴州鏞鞫論無一
語第垂頭請死剌云吾不畏千萬人獨畏一孔公爾
然亦不知其擒我若是易也溪剌死有子竄都勻檄
往擒之悉殪焉正德十一年清平衛車枕等寨苗反
其酋阿傍阿背阿革皆僞稱王據香爐山爲巢穴糾
合苗衆焚劫居民蔓及興隆偏頭平越新添龍貴諸
鎮道阻不通巡撫都御史鄒文盛檄湖廣四川兵未

至先集貴州兵以參政胡濂參議蔡潮都指揮潘動指揮佘大綸各監統明年諸將進擣砲木羅䘥寨伏兵計擒賊首阿革及賊從阿義阿黎時邀擊殺賊五十餘人賊退奔據白崖囤何副總兵李瑾帥湖廣兵至貴州程番安順諸路及四川播州酉陽兵俱先後至又募土兵亦集文盛等乃相賊巢險易分兵五哨命諸將分道刻期以某日進抵香爐山夾攻之山四壁立陡絕高險惟隘路五處逶迤上賊皆築砦柵守禦官兵稍近則木石毒弩俱下官兵用火銃焚其砦柵賊隨以水沃滅之諸將仰攻數日不能克乃以意

製鐵猫爬山虎繩梯等具覘賊不備昇前攻具附[illegible]
士兵先登官軍繼之斬關拔柵入縱火焚賊廬舍烟
焰蔽天四面夾攻至天明賊不能支乃退奔入後山
復據險爲砦後山峻隘尤甚諸將督兵進攻之接戰
數合賊復奔據山絕頂拒守益堅諸將用嚮導土人
探知賊山後頗有林木藤蘿可懸挽梯絙數處乃先
遣百戸邵剛吳隆於山前招賊會與語撫之使命往
復故延久賊果聚衆前山觀聽山後備稍弛諸將乃
督兵以攻具附所探諸處齊登賊衆覺倉卒拒戰官
兵已奪險遂奮擊賊不能禦乃大潰官兵乘勝入擣

厓峒擒賊首阿傍等斬首及俘獲甚衆復分兵捜捕山箐擒斬略盡諸將遣使言文盛黑苗久負固稱亂據龍頭都黎等山砦與阿傍等聲勢相倚居民被其荼虐官府屢欲勦之以阿傍等未靖兵力不及故亂日益滋今兵衆大集請乘勝進勦黑苗諸叛亂巢砦其脇從觀望諸苗亦宜乘此兵威撫定之可無難者文盛然其計令諸將帥兵進勦黑苗擣龍頭砦賊恃江水深險沿厓禦之官兵伐木爲筏渡江直衝賊巢縱火焚賊廬舍儲積賊敗走諸軍乘勝追殺進擣都黎連日擣都蘭都蓬容西大支馬羅等砦擒苗酋阿

茲等俘斬若干遣使[illegible]岩悉聽撫黑苗遂平前後共擒獲首惡阿傍阿革及阿茲等二十餘人從賊阿犵等八十餘人斬首凡二千餘人焚廬舍萬四千餘間獲牛馬器物甚衆乃班師捷聞　上降璽書獎諭文盛等諸將校各賞賚有差至嘉靖初蜡爾山苗反其山在湖貴之間東北屬鎮溪千戶所稍南屬筸子坪長官司隸湖廣山西屬銅仁府銅仁平頭二長官司隸貴州西北鄰四川酉陽而不屬地東西可二百里南北百二十里苗雖分土隸兩省中蟠結竄徙實相數歷焉然各土官相轄有戶籍稍輸賦與廣

西猺獞不同其貴州銅平苗則土官弱不能制而有司又不能撫恤其屬葢銅仁舊土府近改流官所屬皆長官司銅平有叛苗不納稅粮者官以逋欠責見户見户益多逃亾官府嚴督土官平頭長官遂挈印逃諸苗悉騷然叛矣湖貴諸守臣討之不能定上其事

詔萬鏜起家督撫開府辰州鏜集諸路漢土兵累討之稍撫定鎮溪諸苗而貴州苗驕横如故鏜班師遷刑尚須龍許保吴黑苗復倡亂焚劫州縣兩省無寧日乃以兩廣總督張岳代鏜岳至詢前故知撫無益久戍守亦非策乃大集漢土官兵討之總兵則

流希儀領兵則參將石邦憲等監督則貴州副使趙
之所湖廣參議張景賢而銅仁防禦皆石邦憲先所
規畫是時屢破苗寇斬獲二千餘人其餘賊逃匿林
箐凍餓死者幾盡其巢砦俱已焚毀所窖藏米穀燒
掘無遺具以捷聞然諸苗雖定而龍許保吳黑苗未
獲岳檄石邦憲等懸賞構之邦憲等密遣使入砦賄
令聽撫苗麻得盤吳老猓吳旦逞等窺龍許保至龍
田砦所親家弔喪誘至別砦飲酒醉而縛之預遣人
報邦憲以兵取之去岳疏聞誅之諸守臣任轍等欲
遂罷兵岳持不可謂吳黑苗未誅必為他日患時黑

苗無所蹤跡詢知其以捕急故溪自匿也岳乃縱其令所羈執親黨盡釋令去寄督諸土官索之尋土官某廉得其處遣兵劉甫等徑入砦襲斬之持其首出被諸酋欲攘其功追奪去以火焙令乾藏之索重賞僉事龔遂給賞仍令土官田興邦督索得之驗實乃賞至軍門岳始以遂事聞 朝廷集衆議設總督鎮撫其地苗岳爲之數年得代去其土民中國同風夷人種類非一習尚各異曰羅羅曰宋家曰蔡家曰仲家曰龍家曰曾竹龍家曰打牙犵狫曰紅犵狫曰花犵狫俱詳見後曰東西苗曰紫薑苗曰賣爺苗俗與五溪苗同曰

阿和後見其俗大抵力耕啬用敬鬼屏醫雞卜瓦[illegible]才爲信好佩刀劍勇於戰鬬其山川古蹟則貴州之養龍坑夷人當春初擇牝馬之貞者繫之穴旁已而雲霧晦冥有物如蛟蜒者與馬接產必龍駒國初夏明昇降獻一馬頭九尺長丈餘壓沙四百斤方可行後馴習之乘之絕塵云得之於此者銅仁之甘梗泉在平頭著可長官司泉生石崖湧出其流分清濁如涇渭然相傳出于萬山之底都勻之都勻洞洞中亂石皆如象鼻雜艸叢生其產則黎平之洞被以苧布爲質以絲綉絲挑刺成之思南之竹雞白蠟間其聲則化爲水刺竹中心堅塞枝上有刺爲異

羅羅以下皆補前未及敘者

羅羅滇貴皆有之亦有二種曰黑羅羅即東爨烏蠻

是也曰白羅羅即西爨白蠻是也其先皆九隆之後與六詔同種而羅羅之盛則自火濟始焉世居水西以安爲姓其諸羅羅蔓處各地者皆安氏長之益羅羅之俗愚而戀主即過虐之不以爲讐故自火濟至今千有餘年其酋長未嘗易姓奢香之後安貴榮安萬銓等皆驕蹇不受節制即聽調從征非邀重賞不行所過村落殺無噍類者詳見貴南志中其人深目黑身而白齒椎結跣蹻荷氊戴笠而行喜鬭尚力寬則以漁獵山伐爲業急則屠戮相尋故其兵常爲諸苗冠諺云水西羅鬼斷頭掉尾言其相應若率然蛇也

亦有文字類蒙古書者父死妻母兄死妻嫂婦見舅姑不拜裸而進盥謂之奉堂男女不同帷潛合而奔忌相賊也白羅羅之俗略同而飲食惡草凡鼠雀及蝡動之物俱喜啖之不通文字結繩刻木爲信女子善淫者則人爭取之以爲美也人死則以牛馬革裹而焚之俗尚鬼故一名羅羅鬼朱梁時羅鬼種有爨瓚者强盛故一名爨人居普定者爲阿和俗同白羅以販茶爲業物産大抵與滇貴同

犵狫

犵狫一名犵獠不知其所由來也其種有五蓬頭赤

脚矯而善奔輕命而死黨得人片肉卮酒即驅之蹈奔湯火亦所不辭以布一幅橫圍腰間傍無襞積謂之桶裙男女同制花布者爲花狏獠紅布者爲紅狏獠各有族類不通婚姻風俗略同在平伐者爲打牙狏獠獷悍尤甚善歛各毒毒之物以染刀箭當人立死觸其氣者亦死父母死則子婦各折其一齒投之棺中云以贈永訣也在新添者爲剪頭狏獠男女蓄髮寸許人死則積薪焚之又有豬屎狏獠喜不潔與犬豕同牢身面經年不洗得獸即咋食之物產無奇

狆獚

徉獚其種亦彩石所施秉龍里龍泉提溪萬山之界往往有之無大酋長生理苟且荆壁四立而不塗門戶不扃出則以泥封之男耕女織暇則挾刀鏢笱枷以漁獵爲業元宵端午架鞦韆羣戲遂以淫奔父母死則焚其衣服殺其牛馬云若贈鬼者然

仲家

仲家椎髻蹝屩不通文字好爲樓居飲食匙而不箸衣裳青色婦人以青白蒙髻長裙細積多者二十餘幅拖腰以絲布一方若綬仍以青衣襲之在室奔而不禁嫁則絕之喪食尚魚鰕禁禽獸肉葬以傘蓋墓

期年而發火之祭以枯魚俗尚銅鼓擊以爲娛或掘地得鼓託言武侯所藏者富人爭購即百牛不惜也

宋家蔡家

宋家蔡家皆中國之裔也相傳春秋時楚子蠶食宋蔡俘其人民放之南徼遂流爲夷俗宋家稍通漢語或識文字勤於耕織男子帽而長衫婦人笄而短裙婚姻喪葬事亦不甚陋蔡家在底些居者與宋家同俗故世世連婚在養龍坑者無異苗人男女吹木葉索偶人死不哭遶尸而歌謂之唱齋

龍家

龍家驡氏之裔其種有四在康佐者恣睢獷戾難與約束好依溪林薦莽間貪而嗜仇常以杯羹爲人奔命男束髮不冠婦人斑衣以五色藥珠爲飾頗用薏苡配合先以淫奔始通媒妁人死則舁之幽嵒秘而無識以七月七日祭其先祖在寧谷西堡間者多張劉趙三姓一曰小頭龍家俗同康佐一曰大頭龍家男女以牛馬鬃尾雜髮而盤之若蓋以大笠覆之一曰狗耳龍家婦人辮髮上指若狗耳之狀

論曰貴南諸夷自古不賓然而滇南之境非由貴不達漢不能盡服黔中唐輒失志於南詔大抵道隔貴

州故也國初納土 詔令領部如故業已羈縻州峒置之矣天祐皇家貽我福澤寧我彊土故俾田酋作逆旋伏天誅遂立郡縣服徭役與諸甸服同一統盛治殆過漢唐遠矣顧其地夷漢並居官雜土流天性負悍好殺制馭之術簡靜要焉不然伏籠之雕嬰樊之虎防閑稍疎其爲害豈易易制耶

五溪諸夷

五溪諸夷其先盤瓠之裔也昔高辛氏有老婦得耳疾挑之有物大如繭盛瓠中覆之以盤化爲犬其文五色因名盤瓠既而犬戎爲亂帝曰有能討之者妻

[illegible]女封三百戶於是盤瓠以三日[illegible]

[illegible]以女女自請行犬負女入南山至石室中人不可

到三年生子十六男六女自爲配偶績織木皮染以艸

實好五色衣服裁制皆有尾形衣裳斑斕言語侏離

其后滋蔓遂爲蠻夷今湖廣廣西溪洞中諸夷皆其

種也有渠帥名曰精夫相呼爲姎徒所居皆深山重

阻人跡罕至其在唐虞與之要質故曰要服夏商之

時漸爲邊患周世猶盛王命方叔伐之詩曰蠢爾荆

蠻大邦爲讐正謂此也戰國時楚莊既霸蠻遂屬楚

秦昭王使白起伐楚略取蠻夷置黔中郡漢興改爲

武陵郡歲令大人輸布一疋是謂賨布雖皆爲寇盜
而郡國討平之光武時武陵蠻帥單程等大寇郡縣
漢將劉尚輕敵深入敗沒時伏波馬援年六十二自
請擊之帝愍其老未許也援曰臣尚能被甲上馬帝
令試之援據鞍顧眄以示可用帝曰矍鑠哉是翁遂
遣援征援兵至臨沅擊破之單程等饑困乞降羣蠻
遂平歷章和安順四朝累反叛攻劫州郡討平之永
和初武陵太守上書以蠻夷率服可比漢人增其租
賦尚書令虞詡奏言不可帝不聽其冬澧中漊中蠻
果以爭賦事舉種反至桓靈時累叛不休及先主遣

荊吳班攻破之諸蠻莫相率響應焉其後種落漸盛布在諸郡縣自晉劉石之亂諸蠻益恣故其族漸得北遷陸渾以南滿于山谷宛洛蕭條略為丘墟矣魏道武時大陽蠻首桓誕遣使內屬拜誕荊州刺史封襄陽王誕字天生桓玄之子也初玄被殺誕竄大陽蠻中遂習其俗及長多知謀羣蠻推為首領歿子暉立暉歿弟叔興立叔興屢招慰諸蠻內屬者以萬計其後諸蠻叛服不常累年征討散而復合有冉氏田氏向氏陬落尤盛僭稱王侯後周稍平服之唐末及五代時數出寇邊迄無寧日宋太祖既下荊胡得辰

州蠻人秦再雄者長七尺武健多謀蠻黨服之召至闕下擢爲辰州刺史仍使自辟吏屬予一州租稅再雄感德至州日訓練士兵得三千人皆能被甲渡水歷山飛塹捷如猿猱又選親校二十人分使諸蠻以傳朝廷懷來之意莫不從風而靡各得降表以聞太祖大喜加再雄辰州團練使建隆初前溪刺史田洪贇知溪州彭允林等列狀歸順詔以洪贇爲萬州刺史允林爲溪州刺史自後諸蠻叛服不常最大者曰彭氏彭氏世有溪州州有三曰上溪中溪下溪（皆今永順州）外復有二十州皆置刺史而以下溪州刺史總之

名都誓主凡承襲必具名詣辰州州爲保證申鈐轄司以聞廼勑賜誥印符餘官許得自置彭氏自允林文勇儒猛相繼爲下溪州刺史天禧中儒猛叛頃之復降自是二十州歲納貢矣會提刑趙鼎言諸蠻願內附屬辰州而布衣張翹亦上書言諸蠻地可置郡縣遂以章惇經制蠻事於是舒氏彭氏蘇氏楊氏相繼納土使之比內地爲王民置沅誠二州元祐初傅堯俞等言置二州以來設官屯兵費鉅萬計公私騷然荆湖兩路爲之空竭乃廢誠州爲渠陽軍而沅州如故至崇寧中復以誠州爲靖州（即今靖州）自是後叛服

不常議者言湖南州縣地界與溪洞蠻連接以故省民多與擅易田產其豪猾者又以產寄蠻戶規免稅役宜詔帥臣明立省蠻封堠禁止前獘其蠻人願退者給以官錢更選土人衆信服者立爲首領以任彈壓之責潛以馭之此制蠻之長策也從之自是稍歸附希寇矣元時雖置郡縣叛服不常　國朝洪武初既平陳友諒克湖廣諸夷帖然久之五溪蠻叛議出師討之江夏侯周德興請行時德興年老　上壯之賜以手書云趙充國圖取西羌馬援請討交趾朕嘗美之今五溪蠻叛而卿奮然請行卿之志見矣未幾

五溪蠻平德興班師以後兵戈漸輯湖地稍寧雖間有竊發者第自相攻擊未煩中國師也至正德間郴桂土人龔福全等倡亂福全形貌獰惡面多髯體生黑毛嘯聚山谷中僞稱延溪大王其黨劉福興李斌高仲仁黎穩藍友貴等俱僞稱總兵分據烏春山臘粟砦等處巡撫湖廣都御史秦金列其事以聞　朝廷命金討之金檄漢土兵至分布諸將進討守備指揮王翰王廷爵李璋劉宗仁等統兵藩臬官陳辟黃質王濟顧英等監之永順致仕宣慰彭世麒以兵隸馬分兵四哨進諸路夾攻輒大破之前後凡生擒賊

魁李斌黎穩楊禮李仁方龐海劉德才梁景聰等十五六人斬獲賊衆四千餘人焚賊廬舍八百餘間獲老弱牛馬器仗不可勝計各哨俱獻捷軍門惟首惡龔福全據險未獲金賞賚諸將士乃重購能生擒福全者賞五百金斬首二百金仍趣諸將暨宣慰彭世麒等會兵進勦尋右哨諸將諜知福全率賊衆遁過走馬山禾倉石據險立砦遂率兵抵砦下轉戰數合賊敗走彭世麒偕其弟彭世驗擒獲龔福全幷親屬賊衆二十餘人斬首百級焚毀賊廬舍六十餘間賊魁高仲仁走廣東仁化縣爲官兵所獲餘賊散匿山

谷者諸營兵會廣東兵搜捕之擒斬散遁略盡金乃
大犒將士撫恤陣亡及被傷者班師使使報捷　上
優詔答之金與紀功御史王度俱增秩一級金蔭子
姪一人世襲錦衣百戶諸將士各陞賚有差嘉靖初
蜡爾山苗反其山半屬湖廣半屬貴州詳已見桂南
志中其屬鎮溪者半與瀘溪編民雜處所墾種多瀘
溪田供徭役嘉靖初苗雖時小寇竊未叛也有筭子
坪土官田興爵者往以罪繫辰州獄諸苗以其地主
也斂賄賂吏以計脫褫匿苗砦王奉之與爵返虐苗
多所求索淫苗妻女諸苗怒逐之燬其公署遂叛曰

相蔓引鎮溪苗亦叛詔召萬鎧起家督撫開府辰州令相機撫剿鎧集諸路漢土兵討之不克乃召苗渠魁使來見苗謂必得質始出鎧令千戶某入質苗砦苗魁龍某來見鎧執以聞誅之苗殺其所質千戶某鎧乃厚恤其家復遣兩省諸監司挾所隸土官親詣賊巢招撫犒以花紅牛酒給魚鹽又計口給粮食時苗以連年被剿稍聽撫鎧遂班師時貴州苗未附其苗魁龍許保等糾合衆作亂鎮溪諸苗亦從之會張岳代鎧討龍許保因以兵討胡苗助逆者平之事聞
朝廷仍設總督鎮撫其地其夷多據湖南古巫黔中

之地今之辰常靖施永順保靖等處是也其俗大抵信巫重祀刀耕火種短裙椎髻刀弩自衛喜殺輕死行險若飛兒始能行燒鐵石烙其跟蹠使頑木不仁故能履茨棘而不傷初生時秤之以鐵如其重漬之毒水兒長大煅其鋼以製刀終身用之試刀必斬牛仰刃牛項下以肩負刀一負即裂者良刀也弩名偏架有鎗名掉鎗長二丈餘取以護弩戰則一弩一鎗相將而前執弩者口銜刀而手射人或敵逼之鎗無所施則釋弩取刀以救度險整其行列退去必有伏弩土軍弓手輩與之角技藝爭地利往往不能決勝

也歲首祭盤瓠雜揉魚肉酒飯於木槽扣槽羣號爲禮十月朔日各以聚落祭都貝大王男女各成列連袂相攜而舞謂之踏傜意相得則男咿嗚躍之女羣負所愛去遂爲夫婦不由父母其無配者俟來歲再會女三年無所向父母或欲殺之以其爲人所棄云樂有盧沙鐃鼓胡盧笙竹笛之屬其合樂時衆音競鬧擊竹筩以爲節團欒跳躍叫譟以相之歲暮羣操樂入省地州縣扣人門乞錢米酒炙如儺然山川古蹟則辰州之武山在盧溪縣山有石室遥見一石似狗盤瓠象也土俗至今不食犬肉有盤瓠廟小酉山在府山下有石穴其中舊有書千卷相傳昔人避秦隱學于此羅公山

在黔陽縣昔有羅姓者隱於[illegible]蒲其[illegible]池廣數十里夜陰雨霾或有[illegible]月游水上[illegible]女崖上有石屹立如人相傳高辛氏女於此化爲石每歲端午土人致祭[illegible]德之蟠桃巷宋祥符間土人開地見土龕光色照耀得大果九枚識者以爲蟠桃施州之鏡石方二尺許漆黑寒光以水沃之隔岸山木舟人畢照昔傳取入汴以其照昏載還之通潮溪其水一日消長二次靖州之銅鑼溪在州世傳宋楊文廣妹討儂智高墜銅鑼於此故名今其中或作鑼聲則其稍奇者也物產惟猿熊貘食鐵齒骨極堅刀火俱不能傷里人許作佛牙其糞爲兵可以切玉其溺能消鐵爲水獺丹砂水銀青碌等物

三江諸夷

三江諸夷亦盤瓠之後其地在今廣西夷類最多難以盡紀其驕驁者則唐之西原宋之廣源今之田州

大藤是也唐天寶初黄氏彊與韋氏儂氏屠嵩爲寇
害據十餘州韋氏周氏耻不肯附黄氏攻之逐于海
濵至德初首領黄乾曜等叛推武承斐等分爲四王
合衆二十萬地數千里署置官吏攻桂管十八州所
至焚廬舍掠士女更四歲不能平乾元初西原環古
等州首領方子彈等出兵討之斬黄乾曜等七人承
斐等以餘衆面縛詣桂州降盡釋其縛差賜布帛縱
之其後叛者則有張侯夏永王國良黄少卿少高少
度黄昌瓘等攻陷州縣剽掠士民者甚夥前後俱討
平之黄氏儂氏據州十八經略使至遣一人詣治所

[illegible]不得意輒侵掠諸州橫州當邕江官道嶺南節度使常以兵五百戍守不能制太和中經略使董昌齡遣子蘭討平峒穴夷其種黨諸蠻畏服有違命者必嚴罰之十八州歲輸貢賦道路清平其後儂洞最强結南詔爲助懿宗與南詔約和二洞數構敗之邕管節度使辛讜以從事徐雲虔使南詔結和齎美貨啖二洞首領儂金勒等與之通歡金勒聽命宋時儂氏世爲廣源州首領有儂全福者知儻猶州後爲交趾所虜其婦阿儂嫁爲商人婦生子名智高及長殺商人曰天下豈有二父耶因冒儂姓久之據廣源州拓

地自廣僭稱南天國王宋遣使王贄說之智高因請
求内屬宋事聞宋不報智高既不得請又與交趾為
仇且擅山澤之利遂招納亡命數出敝衣易穀食詐
言峒中饑部落離散邕州信其微弱不設備也乃與
廣州進士黃瑋黃師宓及其黨儂建侯儂志忠等日
夜謀入寇一夕焚其巢穴語其衆曰平生積聚今為
天火焚無以為生計窮矣當拔邕州據廣州以自王
否則兵死遂率衆五千沿鬱江東下攻破橫山砦遂
破邕州執知州陳珙等害之智高僭號仁惠皇帝改
年啓曆時天下久安嶺南州縣無備一旦兵起倉

守將多棄城遁故智高所向得志相繼破横貴龔潯藤梧封端康昭賓邕共十一州陳曉等兵敗朝廷命狄青爲宣撫使督諸軍進兵絕崑崙關智高悉衆拒戰大敗夜焚城遁由合江口入大理國狄青募死士使大理求之知高已死於大理乃函其首至京師先是知高未滅時有謠言云農家種纙家收後果爲狄青所滅其母阿儂多知謀攻陷城邑每用其策性慘毒日食一小兒智高敗阿儂收餘兵三千復欲入寇安撫使余靖擒之檻至京伏誅又有儂宗旦者嘗入寇後知桂州蕭固招降之而儂夏卿儂亮等皆自

特磨來歸儂氏遂亾宋乃分析其種落大者爲州小者爲縣又小者爲洞凡五十餘所推其長雄爲首領籍其民爲壯丁以藩籬內郡障防外蠻云元時據溪洞者如初　我朝洪武初楊璟旣平廣西於是左江太平府土官黃英傑右江田州府土官岑伯顏皆遣使賫印赴軍門降請納土內附　太祖嘉之詔仍襲其官五年田州澧州猺亂命鄧愈周德興等出兵討平之十六年廣東猺亂於是江西永新龍泉山民互相扇動結聚徒黨自稱順天王命申國公鄧鎮等將兵討之遂平有柳州馬平縣主簿曰孔性善者上言

猺雖盜賊豈無良心昔陳景文知縣事時猺賊皆應差役厥後反側誠使守令得人示以恩信諭以威福豈不願爲良民乎　上嘉納其言命吏部凡溪洞郡縣擇賢守令以撫轄之自是稍安息矣景泰中猺酋侯大狗等猖亂嘯聚萬人修仁茘浦力山平樂皆應之攻陷郡縣出没山谷守臣不能制率以招撫羈縻之時朝廷北有虜警未遑問也天順初詔守制叅政葉盛督撫兩廣今都督顏彪率兵赴之盛與彪協謀至則破賊砦八百擒斬數萬人自是輒亂輒討平之聲振諸夷時臺省官方薦盛才可入內閣値有譖盛

於李南陽許者遂轉臧巡撫宣府臧去兩廣復亂而大狗猶益縱恣發兵捕之詔有捕得大狗者賞千金爵一級竟不可得久之蔓延廣東高廉雷之境所至殘毀兩廣守臣皆待罪會　憲宗初即位鋭意南討集廷臣議兵部尚書王竑言峽賊稱亂其始由守臣失策以招撫圖爲苟安長其桀驁譬諸驕子愈惜愈啼非流血撻之啼不止爲今之計當大發兵討之竊見浙江參政韓雍智勇過人材兼文武屬以討賊可紓南顧憂而諸將中推都督趙輔材略可任上皆從之擢雍僉都勑有無若葉盛殺降之語　出於李賢

之謗也項之雍至廣西授諸將方畧率諸路兵竝進夾攻之連破石門道袍屋厦紫荆竹踏良嶠古營牛腸大峕等砦賊遁入桂州横石等塘九層樓據險立栅拒之雍令麾死士以大斧刊木開道兩軍齊登發火箭焚其栅而夏正自林峒來援賊大驚潰生擒侯大狗等七百八十餘人斬首三千二百餘級遂磨崖石紀歲月而還土人謂自國初但能禦之令無出掠未有窮入巢穴破之者乃斬峡藤斷之易名斷藤峡分兵捕雷廉高肇諸寇先後平之初雍至大藤忽素衣數十人拜伏軍前詒言我等良民也賊掠至此今

得公來必脫穽獲矣雍厲聲曰若等皆賊敢欺我也
命裸而斬之果皆短兵裹於衣中益欲行刺害雍者
也有軍士持賊首至者雍輒碎之而吮其髓于將士
皆驚峽賊聞之膽喪神搖故極力拒敵勢不能支藤
峽平雍乃上言諸猺之性憚見官府懾以流官終難
靖亂有上隆州土知州岑鐸以罪在禁而事屬曖昧
推鞫無因況蠻夷之族不必責以彝倫請復其職俾
領藤峽開設州縣仍隸潯州又以各處巡檢俱係流
官不諳民情不辨地里往來遷轉難以責成而部下
有功土人李昇等效有勤勞請量授土巡檢官秩或

用爲流官之副彼皆感恩圖報必能保障一方上皆從之仍賞韓雍及諸將和勇歐信等各有差無何雍以憂去兩廣賊勢復張僉事陶魯言兩廣地勢猶一人之身今軍政分而爲二以是賊入寇掠無人任其責者乞勑大臣總督兩廣如馬昂葉盛韓雍故事庶事體歸一巡按御史龔晟亦言宜立總府於梧州簡命大臣兼制兩廣則事統於一而責有所歸兵部亦言兩廣互爲唇齒廣東藉廣西之兵力廣西藉廣東之糧儲今巡撫等官名位頡頏議論之際甲可乙否宜如魯等所請　上命兵部會官議舉其人以聞仍

議起用韓雍從之十二年總督兩廣朱英奏廣西猺獞屢服叛無有已時然彼亦人類尚可善化臣與鎮守等官會議將撫治勸誘之方揭榜曉諭有願去逆效順者即定爲編戶復其猺賦三年或家業未成願還本貫者聽時則有荔浦縣立山鄉賊首李公王令其子扶寶率衆四十來詣軍門言有衆數萬俱願歸順而守臣袁愷謝綾范鏞等招附可三千餘人其餘未順者諒皆漸可招徠俟其編戶具籍復奏而處之疏下兵部尚書項忠等言英等能下順民情施恩布信令出未及數旬歸順幾及萬數宜賜勑獎之弘治

初田州㺚岑猛叛岑猛者伯顔之裔也四傳至猛仍襲田州知府職後以與思恩知府岑濬相攻擊事朝廷誅濬改思恩爲流官知府兼轄田州降猛福建平海所千戶正德初猛賂劉瑾得復爲田州府同知領府事猛撫輯遺民兵威復振稍吞食傍郡地自廣營自言督府有調發願立功冀復故秩督府使至田州猛厚賂之衆譽猛籍甚會江西盜起都御史陳金檄猛討賊猛兵大肆侵掠所至民徙村落避之賊平金疏猛功稍遷指揮同知猛冀復知府秩授官不懨初意遂怨望驕蹇督府使者又不得曩厚賂多譖猛

不法猛亦恃兵力凌轢鄰府日甚或言猛反者都御史盛應期惴猛冀得猛重賂乃猛遂出不遜語應期怒疏猛反狀請討之未報應期去都御史姚鏌代不察其故再疏請征猛制曰可於是鏌遣都指揮沈希儀張經李璋張佑程鑒等五將軍帥兵八萬分道進而令參議吳堯元爲監軍督之猛初令其下毋交兵裂帛書冤狀陳軍門乞憐察之鏌不聽督兵益急沈希儀擊斬猛長子邦彥諸軍繼入猛懼謀出奔猛婦翁歸順州知州岑璋以其女失愛於猛素憾之欲乘間擒猛自爲功乃誘猛亟歸順先是軍門令諸土官

不能擒猛者賜千金爵一級畀其半地黨惡者移兵共
誅之又恐璋猛婦翁或黨猛希儀知璋以女失愛故
憾猛察其部下千戸趙臣者雅善璋乃遣往說璋臣
至歸順詒璋曰督府討田州謂君猛婦翁必黨猛今
我檄鎮安兵襲君我不言君亟我言君必驟發爲自
脫計即我泄漏機事矣必我亟奈何璋頓首謝曰君
實生我君不言我赤族不悟也猛娶吾女奴視之吾
何靦焉吾欲殺猛久矣無間也遂遣兵千餘人往猛
子邦彥所陽言助之實爲我兵內應及戰歸順兵先
呼敗惑衆田州兵驚潰故希儀擊斬邦彥及猛欲奔

璋使人招之曰事急矣願主君來歸順三四夕可達安南再圖興復耳猛倉卒無所之又以姻故遂佩印來歸順璋佯涕泣迎之處猛別館盛供帳列侍美女地遂僻猛喜甚遂不疑璋會諸將不知故頗聞猛來匿璋所遂以兵萬人擣歸順璋亟遣人持牛酒犒師境上而自來見諸將頓首謝曰猛敗昨越歸順欲來交南璋邀擊之猛目被流矢南來不知所之急之恐入交南連逆賊爲變幸緩五日當搜致堯元等許之璋歸復詭猛曰天兵已退非陳奏事不白爲君州封事令人上之如何猛曰固所願也乃爲疏令猛出印

印之璋得知猛眞印所乃置酒賀猛樂作持鴆酒一盂獻曰天兵索君急不能庇請自爲計猛大怒罵曰悔墮此老姦計也遂飲鴆死璋斬其首并所佩印遣使間道馳詣軍門上之諸將聞之引還猛三子長邦彥敗死次邦佐遁後其族爲武靖州知州次邦相兵敗出亾邦彥側室子芝方襁褓匿民間鎮見岑氏弱討田州可滅疏請置流官　上從之夷俗憚流官法制多不便亾何田州土酋盧蘇求得邦相遂糾思恩土目王受挾邦相反兩江皆震御史石金至閘前御史與鎮有隙意不直鎮又藩臬諸司素不爲鎮所喜者

多沮鏌事倡言猛實未必鏌爲歸順所欺有自右江
來者則言猛已糾安南莫登庸入寇陷思恩矣省城
旦暮且不保靖江諸宗室洶洶以流言欲出奔石金
信之遂劾姚鏌懷夷無策輕信罔上圖田州不可得
并思恩而失之　上大怒落鏌職命新建伯王守仁
代鏌諸夷聞守仁至皆憚之守仁顧益自晦事鎮靜
見蘇受兵勢已熾度岑氏不可遂滅使人招蘇受降
約日投見會有造浮言誑蘇受欲取其賄者蘇受疑
懼反覆守仁遣使慰諭之且與之誓蘇受言來見必
陳兵衛又欲易軍門左右祇候皆盡以田州人守仁

不得已皆從之蘇受果陳兵來見守仁數其罪許以
不死論杖一百以全軍法蘇受不釋甲受杖且田州
人杖之守仁諭蘇受使歸候命乃上疏言思田久苦
兵革民間已不勝況田州外捍交阯縱使克之置流
官兵弱財匱恐生他變岑氏世有功治田州非岑氏
不可請降田州府爲州治官岑猛子邦相爲判官以
盧蘇等爲土巡檢別立田寧府設流官知府統之薦
布政使林富爲巡撫都指揮張佑爲總兵官　上皆
從之乃令邦相歸治田州盧蘇等各蒞任田州平會
斷藤峽苗反守仁遂移兵檄蘇受兵攻之而蘇受初

降亦願立功自贖兩江父老遮道言斷藤峽及其八砦賊猖亂狀請討之守仁至南寧議與藩臬官汪溱翁素吴天挺將官謝佩張經等督湖廣土兵襲剿之先是各賊聞軍門檄湖廣土兵至皆逃匿深險後聞以蘇受降罷兵又督府駐南寧散遣諸官兵無征剿意及湖廣兵回皆偃旗息鼓賊弛不爲備至是官兵突進四面攻圍大敗之通計擒斬賊級一千一百餘人俘獲甚衆於是斷藤之賊略盡進剿八砦猺賊各兵乘夜銜枚速進至日昧爽抵賊巢穴突進遂破石門天險兵入賊始驚覺官兵乘勝追擊賊遂大潰分

道奔入高山據險立砦官兵亦分道追圍之賊據高險下礧石滚木官兵仰攻不便乃夜募死士掩其不備頃之破古蓬砦破周安砦破古鉢砦破都者峒砦而參將沈希儀等又多擒斬逸賊通計前後擒斬幾二千人墮溺死及俘獲者甚衆於是八砦之賊亦盡兩江稍寧守仁經略撫輯乃班師疏上論功褒獎陞賚有差未幾守仁召歸卒於道而武靖州知州岑邦佐不能鎮輯且墨賊賄多曲庇之故峽以北賊復漸肆猖獗其酋侯勝海者居弩灘爲亂指揮潘翰臣聽土目黄貴韋香言誘勝海殺之實貴香利勝海田廬

也時都御史潘旦又許貴香取勝海田盧不禁勝海弟公丁大憤恚而諸獠亦抱不平邦佐又陰黨之於是集衆反破堡殺戍兵二百餘人事聞詔以侍郎蔡經代旦經集諸司議發兵曰諸君渡滅賊須兵幾何副總兵張經曰不過萬人蔡經曰太少沈希儀曰非八萬人不可蔡經曰太多副使翁萬達曰二君言各有據襲而取之曰剿聲罪討之曰征由張君言剿也由沈君言征也然今賊爲備久矣剿之無功從沈君言便會朝議欲征安南事遂已公丁等益横時出殺掠潯人苦之萬達言之經御史鄒堯臣亦贊之經乃

會安遠侯柳珣決計發兵以兵事屬萬達萬達廉得
百戶許雄素通賊狀劫之曰能擒公丁貸汝死不即
論如法雄懼請效力自贖遂以計擒公丁檻致公丁
軍門磔誅之時十七年冬也命 專田汝成謂督府首
惡既擒賊方震駭宜乘此時進兵討賊經許之會沈
希儀病乃以副總兵張經將左軍副使翁萬達監之
共三萬五千人分六道進都指揮高乾將右軍副使
梁廷振監之共一萬六千餘人分四道進南北夾擊
之賊大窘遂擁衆東奔而指揮王良輔邀擊之中斷
復西奔諸軍合擊斬首一千二百級賊謂往年據險

結巢故被官兵擊破皆殲焉至是不聚結砦惟漫兖
山谷間令官兵疲于追逐且曠日久多費糧餉必速
退其東奔者入羅連山萬達等移兵攻羅連擻右軍
抵長洲沿江繞出賊背賊於諸隘險伏械器防禦甚
多官兵皆以計發之追斬百餘級賊益窘會右軍迷
失道愆期三日又土目盧蘇受賊賂斂兵縱之漫匿
諸山谷人言羅連山官兵古所未至者賊遁深入不
復窮追云會平南縣有小田羅應古陶古思諸猺亦
據險弗靖萬達等移兵剿之招賊餘黨二百餘人降
之江南朗姓諸猺歸順者亦千餘人藤峽諸猺復平

萬達獻議下督府凡七事一曰編保甲以處新民二曰立營堡以通江道三曰設督備以控上游四曰改州治以建屯所五曰清狼田以正疆界六曰處款兵以愼邊防七曰榷商稅以資公費其所謂改州治以建屯所者請改州爲武靖千戶所擇人任之郎以三縣狼家之族隸焉議上蔡經多採納疏請行之捷聞蔡經改左侍郎進秩一級柳珣加宫保暨諸將帥守臣皆賞賚有差其地古屬百粤當嶺南右偏土瘠民獷視東道特異三江連亘千里半入猺夷而潯柳思田之地更爲盗藪其俗大略與五溪諸夷同其山川

古蹟則仙奕山在柳州府城南上有穴穴有屏屏有字登者得石棋子於其上黑肌而赤脈可奕感應泉在平樂宋鄒浩謫居昭州以江水不可飲汲于數里外後所居地泉忽湧出故名及浩歸泉復涸火山在梧州每夜山有火光或云昔趙佗埋劍于此綠珠井在博白縣梁氏女綠珠有美色石崇爲交趾採訪使以珠三斛買之今舊井存焉古辣泉在橫州以釀酒即熟不煮惟埋之土中日足取出味甘可以致遠其物產則秦吉了形如鸜鵒教之能言勝鸚鵡倒掛鳥也五色相間聞香則收于翼其夜倒挂于樹林以放其香蟲絲楓始生葉有蟲食之作絲如琴弦營人擘作釣綸苧布一名鬱林布漢書白越即此布也桂蠹形如新生蠶產子桂樹竊食蜂蜜人以入戶即化爲蜜甘香甚奇糖牛牛與蛇同穴嗜鹽里人皮裹手塗鹽採之其角如玉玉面狸一名風狸晝則拳曲如蝟遇風則飛行空中味甚佳其溺及乳治風疾奇效山獺性極淫毒山中有此物諸牝獸皆避補助之藥無踰于此一枚值黃金數兩今婦人摩手

癡熱驗之躍然而動者爲眞**野婆**狀如老嫗皆雖無偶上下山谷如飛遇男子必負去求合嘗爲一健夫殺之剖腰間得一物若玉印字類符篆不可識蓋異事也**鱷魚**四足齒利如刀劍能陸追牛馬并噉人水中覆舟遝網則避一孕生卵數百成形則有魚鮫黿蛇等物斬其首乾之更生如此者三乃止**異魚**名多難死**胡蔓**草也以急水吞之即死慢水即緩取毒蛇殺之以此草覆之洒水菌生其上爲藥殺人**睡草**見之則令人睡一名懶婦箴**人面子**果也兩邊似人面甘酸可食**錬樹**高三四尺幹葉皆紫黑色六十年一開花必丁卯年開**勾芝木**皮可績爲布**不死草**狀如茅食之延壽置盤中食物不腐**爲異**

論曰書稱滑夏詩稱讐邦蠻夷爲患自古記之矣況盤瓠之裔族居中國溪洞間人跡罕及來則嘯聚退則深匿與徼外蠻夷梯山航海而至者不同自漢迄

今跋扈難馴雖剿平鎮溪藤峽之後稍稍震慴然如
藏機之弩一動即發倘不羈縻之撫綏之及一旦跳
梁然後興百萬之師殫數省之積與之交敵勝則無
益敗則損威於國家何賴焉昔孔性善請擇良吏嗚
呼制蠻上策無踰此矣

黎人以下諸蠻無國號姓氏故無朝貢事跡可述第以其雜處中國境内故録及之

黎今儋崖瓊萬州隝上蠻也隝之中有黎母山諸蠻
環居四旁號黎人内爲生黎外爲熟黎山極高常在
霧靄中久晴海氣清廓黎人時見翠尖如浮空中然
其山水分流四州熟黎分隸諸州耕作省地供稅役

生黎所居絕遠外人不能跡不供稅役至於黎母之巔則雖生黎亦不能至相傳其上有人壽考逸樂不與世接虎豹爲之守險無路可攀但覺水泉香美絕異云以前未聞在唐爲瓊管之地宋至和初有黎人符護者邊吏嘗獲其奴婢十人還之符護亦嘗犯邊執瓊崖州巡檢慕容允則及軍士至是以軍士五十六人與允則來歸允則道病死詔軍士至貸其罪至紹興中黎州王文滿結連西峒王承聞等攻破定南砦復犯省地廣西發兵官燒燬巢穴生擒黎賊王用賓等亂遂定乾道二年廣西經略轉運司言當說諭

黎人示以朝廷德意威命使之自新退復省地能說
諭收復者量功豆賞內有侵犯省地或逃失省民亦
重責罰其先省民逃居黎峒之人守臣招誘還鄉貫
其逋稅詔從之六年黎人王用休犯邊萬安權守巡
檢孫浩等招諭之九年樂昌縣黎賊劫省民焚官舍
黎人王用存王承福陳顏等招降復砦有功宋授以
官職俾之控制黎人有黃二娘者瓊州熟黎酋之妻
家饒財善用衆羣黎畏之宋淳熙初封爲宜人二娘
死無男有一女欲依例承襲詔從之頃之生黎峒首
王仲期率諸洞丁口一千八百餘歸化仲期與諸峒

首王仲文等八十一人詣瓊管司受之今歃血約
誓不復鈔掠詔各賜賚有差生黎質直獷悍不服王
化亦不出爲人患熟黎貪狡兩廣福建之姦人亾命
逃居其間省界諸州至有爲黎人據其廳事治所州
吏遣人致謝始得還者我 朝廖永忠旣平廣東海
南儋萬黎夷洞主未附其後耿天壁擊破之其地遂
平頃之廣東巡按汪俊民上言黎性頑狠未易信從
又山水峻惡風氣亦異中國之人罹其瘴毒鮮能全
活臣訪得宜倫縣熟黎峒首王賢祐舊嘗奉命招諭
黎民言從歸化者多況其服習水土不畏瘴厲臣請

仍詔賢祐至京量授以官俾招諭未服黎人戒約諸
峒無納逋逃其熟黎則令隨產納稅一切差徭悉與
蠲免生黎歸化者免其產稅三年峒首則量所招名
數多寡授以職事如此庶幾黎民順服從之其俗稚
髻跣足弓矢刀劍跬步不離熟黎能漢語變服入州
縣墟市日晚鳴角結隊以歸多符王二姓者男女生
週歲即文其身周身畫成諸花及八寶式尋用細鍼
挑刺出血塗以青靛候三四日滌去則花紋宛然大
家以此相尚云不然則上世祖宗不自爲子孫也貿
易會集墟場皆婦女負貨出門男子不與故人皆多畜

妻女工紡織得中國絲帛拆取色絲和吉貝織花所謂黎錦被服及鞍飾之類精麤有差親死不哭不粥飯惟食生牛肉以爲哀痛之至葬則舁櫬而行令一人前行以雞子擲地雞子不破處即爲吉穴客來未相識主人先於隙間窺覘之客儼然矜莊始遣奴布席於地客即坐又移時主人乃出時坐不交一談少焉置酒先以惡臭穢味嘗客客食不疑則喜即設佳殽更相親狎否則遣去不復與交會飲時未嘗捨刀稍酣各請弛備雖解器械猶置身傍一語不合則起而相戕性喜讎殺謂之捉拗雖積世之讎必報祖父鬬

敗幾則懸箭幾射於梁上以爲識每會客飲顧梁上弓矢則奮報讐之志醉即群作狗號自云狗種欲使先祖知而庇之也男仇只結於男若婦人仇則其婦家亦助之報怨矣中鋒鏑死密埋不悲泣恐敵人知其爲不武也居處架木兩重上鋪以草如樓呼曰欄房上以自居下以畜牧甚污穢也遇晩村中幼男女盡驅而上聽其自相偕偶至於婚姻仍用講求又一種自髮嶺以北曰遐黎鬧習弓矢居常以椰瓢蔽體凡父母過五十則烹而食之云葬於腹中以爲得所此其俗之最惡者也其山川黎母山見前其產潮雞潮至

則鳴音如吹角

黃丈鬼 出則爲祟著黃衣至人家張戶而笑必得疫疾

榴花酒 榴花釀成之味佳

人面魚 其味在目其壽在身先朝有人出使海南其國奉以進使者啗其雙目即令撒去夷人服其博

文鯅魚 白首赤喙翅與尾齊羣飛海上則有風西山經云其音如鸞見則大穰

海鯊 虎頭魚體黑文鱉足巨者重二百斤嘗以春晦入山化而爲虎凡虎紋直而長者皆鯊化也

海味 名多難紀

雞翅木 作刀靶最妙

鯢魚 四足長尾能上樹天旱含水上山以葉覆身鳥來飲水因而取之聲如小兒啼故名取膏燃燈不滅

龍涎香 龍開則涎出以討取之和香最妙爲奇

蜑人

蜑人儋崖海上水居蠻也以舟楫爲家或編蓬水滸謂之水欄亦有三種入海取魚者名曰魚蜑取蠔者

名曰蠔蜑取材者名曰木蜑其人皆目睛青碧卉衣血食各相統率魚蜑蠔蜑能入水伏二三月旁人以繩繫其腰繩動則引而上或爲海怪所害岸人見有血一縷浮水上則蜑死矣一謂之龍戶一謂之崑崙奴產與黎同

馬人

馬人其先中國士卒隨馬援南征羈留未歸散處南海遂成部落其人深目猳喙以採藤捕蠣爲業產與黎同昔韓退之詩云衙時龍戶至上日馬人來人皆不識多强解之由今而觀殆即此馬人蜑人之謂也

狑人

狑人生廣西幽崖奥谷中彫題高結狀若猩狒散育莽中不室而處饑則拾橡著射狐鼠雜蜂蠆虫蟻血食卉衣言語侏儒雖附近獞人亦莫能重譯也

獠人

獠俗謂之山子依山而居無酋長姓名惟事有力者曰火郎父死子繼餘稱提陀提陀者華言百姓也舊傳其類有飛頭鑿齒鼻飲赤褌之屬殆百餘種嘗見續博物志云嶺南溪洞中往往有飛頭者一日頭頸有痕匝如紅縷及夜則飛去曉即還家即獠種也此

與前所謂屍致魚及虫落者皆同但各異種類俗婦人孕七月即生臨產生兒便置水中浮則養之沉則棄之然千百多浮夫妻異宿惟于晴晝牽臂入溪山爲樂旣入則於路口插松竹以斷來者謂之插青見者即返或誤入則加以刀斧性好殺報仇相擊必食其肉而臥其皮所殺之人美鬚髯者剥其面而籠之竹中鼓噪而祭之以邀福利眞蠻俗也

犵人

犵人生𡾰巄中短小精悍深目黃睛不識金帛不食形如猿猱語言啁嘤不可辨性極忠慤夷獠常馴擾之

役以採片腦鶴頂犀角象齒皆有法能致之得則負以輸主還他姓奪死亦弃與稍近烟火則淚目至死眞臘風土記云有二種野人一等延行山谷頭戴一瓦盆而走遇野獸則槍摽射殺烹之性甚狠無家可居一等通往來話言之野人乃賣與人間爲奴者或即狁人之類獠狁諸種凡川廣雲貴洞溪中皆有之故山川古蹟物產不可盡述云

獞人

獞人五嶺以南皆有之與猺雜處弃衣血食居以欄房善爲毒矢射人及物中者焦沸若灸肌骨立盡雖

獠人亦畏憚之又善爲蠱毒每五月五日取百虫於一器令自啖食存者留之持以中人無不死者又爲飛蠱一名挑生一名金蠶皆鬼屬事之可以驟富害人者內之飲食中令人心腹絞痛面目青黃吐水而脈沉治之以歸魂散雄珠丸在胷膈則服升麻吐之在腹則服鬱金下之或云蠱神熠燿若日以昏暮飛入人家爲祟事之作蠱害人即有利益不則反被其害有不用其術者以釵釧錦段等物置之道旁俾他人得焉名嫁金蠶畏蝟取蝟入其家則蠱神就擒矣凡川湖閩粵皆有此事不特獠獞爲然也聚而成村曰

峒峒各有長婚姻先結草屋外居謂之[illegible][illegible]自入寮後多殺牲婢則妻黨畏之不爾謂之懞怯半年而後女歸夫家其人遠出而歸者止于三十里外遣巫提竹篋迓脫歸人貼身衣貯之籃中以爲前導云爲行人收魂歸也餘俗與五溪三江諸猺相同

論曰古者洪濛之世睢睢盱盱萬民猖狂不知東西禽鹿之與遊而猿狖之與居迨五帝三王陶鎔以禮樂束縛以政令然後中土之民始知廬處粒食冠裳文物矣至於吳粵文身滇僰椎髻雖太伯端委以治漢武帝開西南夷郡縣而置之且不能革其故習蓋

累世難之也洎乎今日吳粵人材甲於海內而滇南之地綽有華風於都哉國皇家之福祐使然毋亦風氣漸開故人文漸著有以超軼萬古耶維時黎獠諸蠻生而未嘗接縉紳識禮義亦猶洪濛之民曷怪其俗之鄙俚也顧氣運昌熾浸浸乎自北而南矣倘得一二良吏綏以恩惠匡以教化闢其荒蕪而郡縣之俾之制農桑通文字識君臣上下威儀之節則安知黎獠諸蠻不如今日之吳粵滇南乎余備列之蓋有厚望焉云

咸賓錄南夷志卷之八 終

錢世傑